AF586105

N° 913 - nouv. cat.

Pièces de ce volume

8322. a Code Criminel de l'empereur 1787.

[illegible]) Code Criminel du Grand duc de Toscane 178

Discours de Bergasse sur l'humanité des juges.

Essay sur des changements à faire dans les loix Criminelles.

Recueil de pièces - tom. 3.

Contenant 1093.

NOUVEAU CODE CRIMINEL DE L'EMPEREUR,

Publié à Vienne le 15 Janvier 1787.

Traduit de l'allemand,

Par M. L. D.

A AMSTERDAM;

Et se trouve à Paris,

Chez Hardouin & Gatey, Libraires de S. A. S. Madame la Duchesse d'Orléans, au Palais Royal, sous les arcades à gauche, n°s. 13 & 14.

M. DCC LXXXVII.

LETTRES PATENTES

DE L'EMPEREUR.

Nous, Joseph II, &c., pour donner une forme précise & invariable à la justice criminelle par un Code général, qui serve à éloigner toute interprétation arbitraire; pour tracer la ligne convenable entre les délits criminels, civils & d'état; trouver une juste proportion entre les délits & la punition; & déterminer celle-ci de maniere que l'impression n'en puisse être purement passagere : tel est l'esprit dans lequel ce Code criminel général a été rédigé & publié : en ordonnant que, du jour de la publication, il servira de regle universelle à tous nos sujets, juges criminels, & à tous ceux que nous avons commis pour maintenir l'ordre & la tranquillité publique ; leur enjoignant expressément qu'il aient à s'y conformer, relativement à tout coupable de délit criminel, qui, après que ce Code général leur sera parvenu, aura été traduit le premier devant la justice criminelle ; comme aussi relativement à tout citoyen qu'un délit civil & d'état aura soumis aux punitions établies, lesquelles doit prononcer le magiſtrat civil.

En conſéquence, toutes les anciennes lois qui ont été publiées pour déterminer les délits & régler les punitions, ſont maintenant ſans force, abrogées & annullées; & on n'y doit avoir égard que pour les ſentences qui ont été émanées, de toute juriſdiction criminelle, contre tous coupables de délits criminels, qui étoient déjà en priſon lors de la publication de ce Code général.

Il eſt principalement ordonné à tout juge criminel de n'exercer à l'avenir les devoirs de ſa charge que contre ceux qui ſeront traduits devant lui, & accusés d'un délit criminel exprimé dans ce Code général.

Donné à Vienne le 13 janvier 1787, &c. Signé, JOSEPH. *Et plus bas :* Léopold, comte de KOLLOWRAT.

TABLE
DES CHAPITRES.

PREMIERE PARTIE.

Des délits criminels & des punitions criminelles.

DEUXIEME PARTIE.

Des délits civils & des punitions civiles.

NOUVEAU CODE CRIMINEL DE L'EMPEREUR.

PREMIERE PARTIE.

CHAPITRE PREMIER.

Des Délits criminels en général.

I.

TOUTE action contraire aux Lois n'eſt point un délit criminel, ou un crime capital ; & on ne doit regarder comme délits criminels toutes actions contraires aux Lois, que celles qui auront été jugées comme telles dans le préſent Code criminel.

2.

A tout délit criminel appartient mauvais deſſein & libre volonté. Le mauvais deſſein exiſte, quand, avant ou au moment de l'entrepriſe contraire aux lois, ou même à l'inexécution de cette entrepriſe, le mal qui en réſulte a été médité & réſolu, de maniere que l'action contraire aux lois a été faite & commiſe dans le deſſein que le mal s'enſuive.

3.

On n'eſt pas coupable de mauvais deſſein, quand, à la vérité, le mal qui s'enſuit effectivement n'étoit pas proprement le but de l'action ; mais toujours une action a été commiſe dans une autre mauvaiſe intention, lorſque de cette action le mal s'enſuit communément, ou qu'il peut s'enſuivre facilement.

4.

Celui qui, ſans mauvais deſſein, commet une mauvaiſe action, quoiqu'il y ait faute de ſon côté, n'eſt point coupable d'un délit criminel : encore moins doit-on regarder comme délit une action dont le mal s'enſuit par accident.

5.

Le défaut de volonté libre abſout d'une accusation de délit criminel, dans les cas suivans.

a. Quand le coupable insensé a perdu totalement l'usage de la raison.

b. Quand à une aliénation d'esprit, qui ne prend que par accès & périodiquement, l'action a été commise au moment que l'accès duroit encore.

c. Quand l'action a été commise dans un moment d'ivresse purement accidentelle, & sans qu'elle arrive à dessein prémédité, ou autrement, dans une confusion, un trouble des sens, pendant lequel on n'a pas su ce qu'on faisoit.

d. Dans les enfans qui n'ont pas douze ans accomplis.

e. Quand, en commettant l'action contraire aux lois, on y a été contraint par une force, une puissance irrésistible.

f. Quand l'action a été commise par erreur, dont on ne peut faire un crime à celui qui s'est mépris, parce que, sans elle, il se feroit conduit selon les lois & les principes.

6.

Le délit criminel doit toujours être examiné d'après la méchanceté du malfaiteur, & non pas d'après les dispositions & la situation actuelle de celui contre lequel il a été commis ; ainſi, les crimes ſont auſſi commis contre les malfaiteurs, les inſenſés, les enfans, les perſonnes qui dorment, & même contre ceux qui ont déſiré leur perte & leur mort.

7.

Ce n'eſt point ſeulement l'action immédiate qui rend coupable d'un délit criminel, mais encore toute coopération réſultante de mauvais deſſein & de volonté libre, par ordre, conſeil, récompenſe, inſtruction, par aſſiſtance, ou par tout ce qui a donné lieu & raiſon au délit commis, ou par tout ce qui, au moment du délit commis, a pu y ſervir d'aide, de quelque maniere que ce ſoit, ou par tout ce qui a contribué à le faire commettre avec plus de ſûreté.

8.

Mais celui qui n'a été utile au malfaiteur, par ſon ſecours & ſon aſſiſtance, qu'après ſeulement que le délit a été conſommé, ou s'il a tiré profit & avantage du délit dont il a eu la connoiſſance, ſera à la vérité coupable d'un délit qui lui eſt propre, particulier, mais non pas du délit commis : à moins qu'avant le délit commis il fût complice avec le malfaiteur, par future aſſiſtance ou participation.

9.

Quoique la penſée & un mauvais deſſein intérieur, ſeuls & ſans effet, ne ſoient point des délits criminels, cependant il n'eſt point néceſſaire, pour que le délit ſoit conſtaté, que la mauvaiſe action ait été effectivement exécutée. La tentative d'une mauvaiſe action eſt dejà un délit criminel par elle-même, auſſitôt que l'homme mal intentionné s'eſt diſpoſé à le commettre effectivement, & qu'il a découvert ſon deſſein par des actions & marques extérieures; mais il eſt arrivé que le délit conçu n'a pas été commis, ſeulement par impuiſſance, par des obſtacles étrangers qui ſont ſurvenus, ou même par accident imprévu.

CHAPITRE II.

Des punitions en général.

10.

LA punition ſuit le délit criminel découvert & prouvé. Celle-ci ne peut être prononcée que par le juge qui a été nommé pour remplir les fonctions de la juriſdiction criminelle.

11.

Cependant un coupable qui a été déjà puni d'une mauvaise action, quoique par un juge incompétent, peut, à cause de cette même action, être encore puni par un juge compétent, quand la premiere punition n'a point été infligée d'après le texte de la loi, ni en proportion du délit. Mais aussi, dans ce cas, le juge criminel doit, pour proportionner la peine, avoir égard à celle qui a été déjà infligée.

12.

La punition doit être infligée d'après le présent code, sans avoir égard aux lois qui peuvent être établies dans le lieu où le crime a été commis.

13.

Le juge criminel est lié au sens, à l'observation littérale de la loi, autant que, dans cette loi établie sur tel ou tel délit, la grandeur & le genre de la punition sont énoncés exactement & d'une maniere expresse. Il ne lui est pas permis, sous peine d'en être rigoureusement responsable, ni de diminuer ni d'augmenter les punitions ordonnées conformément à la loi : encore moins est-il autorisé à changer le genre de punition, ou de la supprimer tout à fait, en vertu d'un accommodement entre le coupable & la partie lézée.

14.

Le juge criminel doit s'attacher à observer une juste proportion entre le délit criminel & la punition; &, dans cette intention, comparer soigneusement toutes les circonstances. Par rapport au délit criminel, il doit porter son attention principalement sur le degré de méchanceté liée à la mauvaise action, sur l'importance des circonstances liées avec le délit, sur la grandeur du dommage qui en résulte, sur la possibilité ou l'impossibilité des précautions qui peuvent être employées pour le prévenir. Par rapport au criminel, sur l'âge de la jeunesse, sur la séduction & l'imprudence qui l'accompagnent, sur la punition qui a été souvent infligée pour le même délit, & sur le danger de la récidive.

15.

Si le criminel est coupable de plusieurs délits criminels différens entre eux, la punition doit être infligée par rapport au délit criminel sur lequel la plus rigoureuse punition a été prononcée ; comme auſſi on doit ſcrupuleuſement examiner chaque délit criminel relativement à la plus rigoureuſe punition.

16.

La punition ne peut frapper que celui qui a lui-même commis le délit, ou s'en eſt rendu coupable par complicité, d'après les articles 7 & 8. Mais ni l'importance de la punition, ni la punition effective du coupable ne peuvent être préjudiciables à ſa femme, ſes enfans, parens, héritiers, ou à un tiers qui n'a aucune part au délit commis.

17.

Si le coupable d'un délit criminel, à la faveur d'une retraite cachée, par la fuite ou par ſa mort, a été ſouſtrait au bras de la juſtice, lorſqu'il s'agit de délits criminels qui réveillent l'attention & le ſcandale, ou qui, reſtant impunis, feroient craindre d'autres conſéquences très-dangereuſes, la ſentence de punition doit être prononcée ſur les coupables abſens, comme ſur celui qui eſt mort ; de cette maniere, le nom du criminel, le délit criminel commis, & la ſentence de punition qui s'enſuivroit, ſeront affichés à une potence,

& rendus généralement connus par les papiers publics.

18.

Cette ſatisfaction rendue au public par la punition entierement exécutée, n'empêche en aucune maniere les perſonnes léſées, ou celles à qui le délit a été préjudiciable, de chercher, par les moyens de droit, le dédommagement ou la ſatisfaction qui leur eſt due, en s'adreſſant au coupable lui-même, à ſes héritiers, ou même en prenant ſur ſes biens, à moins que la part qu'ils peuvent prendre, d'après le préſent code, au délit commis, n'entraîne expreſſément après elle la perte de ce droit.

19.

Excepté les peines criminelles établies dans le préſent code, aucune autre eſpece de punition pour les délits criminels ne doit à l'avenir avoir lieu.

20.

La punition à mort ne doit point avoir lieu, excepté pour les délits, ſur leſquels elle doit être prononcée, d'après la loi, dans un conſeil de guerre. En cas de conſeil de guerre, la corde eſt deſtinée pour être la ſeule & unique punition à mort. Le coupable coudamné à être pendu, ſera pendu, étranglé, & on lui refuſera la ſépulture ordinaire. Le corps du coupable, après avoir reſté pendu douze heures, pour donner l'exemple au peuple, ſera enterré ſans cérémonie ou convoi, par-tout où il ſe pourra faire, près du lieu du ſupplice.

21.

Les autres punitions ſont la chaîne, la priſon, avec les travaux publics, la priſon ſeule, les coups de fouet, de verge ou de bâton, & l'attache au pilori (1). Les trois premieres punitions peuvent être augmentées d'après le genre de délit criminel dont on s'eſt rendu coupable, ſoit par une punition de plus longue durée, ſoit qu'on y ajoute encore quelques châtimens qui les rendent plus ſenſibles.

22.

Les degrés, relativement à la durée, ſont, *a*, de longue durée au ſecond degré; *b*, de longue durée au premier degré; *c*, continus au ſecond degré; *d*, continus au premier degré; *e*, pour un temps limité au ſecond degré; *f*, pour un temps limité au premier degré.

---

(1) Il y a mot à mot: *L'expoſition ſur le théâtre de honte.*

23.

D'après ces degrés exprimés dans le préſent code, le juge, en ſe conformant à l'article 14, peut, à volonté, déterminer la durée convenable du temps. Dans la ſentence, la durée du temps de la punition doit toujours être exprimée. La durée d'une punition pour un temps limité, au premier degré, exprimée dans ce code, ne peut jamais être au deſſous de l'eſpace d'un mois, ni paſſer cinq années. La durée d'une punition pour un temps limité, au ſecond degré, ne peut jamais paſſer huit années, ni être au-deſſous de cinq années. La durée d'une punition prononcée *continue*, au premier degré, ne peut jamais paſſer douze années, ni ètte au-deſſous de huit années. La durée d'une punition continue au ſecond degré ne peut jamais paſſer quinze années, ni être au-deſſous de douze années. La durée d'une punition de longue durée, au premier degré, ne peut jamais être au-deſſous de quinze années, ni paſſer trente années. La durée d'une punition de longue durée, au ſecond degré, ne peut jamais être au-deſſous de trente années; & elle peut, ſelon les circonſtances, être prolongée juſqu'à cent années.

24.

Pour les délits criminels, sur lesquels, dans ce code, une punition de longue durée, au second degré, est infligée, la marque publique au fer chaud peut être ajoutée à la punition, quand les dispositions particulierement dépravées du coupable & les dangers qu'il peut faire craindre, exigent des précautions à prendre. Lorsque le coupable est condamné à cette punition, on lui imprime sur les deux joues la marque d'une potence, visible & si bien imprimée, qu'elle ne peut être effacée ni par le temps ni par toute autre maniere.

25.

La punition de la chaîne s'exécute ainsi. Le coupable est enfermé dans une rude prison, & enchaîné étroitement, de maniere qu'il ne lui reste d'espace que pour les mouvemens indispensables du corps. Le coupable condamné à la chaîne est fustigé tous les ans, pour l'exemple public.

26.

A la punition de la prison se rapportent les degrés suivans : *a*, la plus rigoureuse; *b*, la prison rude; *c*, la prison adoucie. Dans ces trois degrés de prison, le coupable doit exercer un travail proportionné à l'un des trois.

27.

Dans la plus rigoureuse prison, le coupable est lié nuit & jour au lieu qui lui est indiqué, avec un anneau de fer passé au milieu du corps; on peut aussi, en cas que le travail qui lui est imposé le permette, ou que le danger qu'il ne s'échappe l'exige, le charger de nouveaux fers. Pour le coupable condamné à la prison, il n'y a point d'autre lit que les planches, point d'autre nourriture que du pain & de l'eau, & tout entretien, non seulement avec des étrangers, mais encore avec ses parens ou ses connoissances, lui est totalement refusé.

28.

Un coupable condamné à la prison rude doit être traité comme ci-dessus : seulement, *a*, on lui met aux pieds des fers moins pesans; *b*, &, deux jours dans la semaine, on lui donne une livre de viande pour sa nourriture.

29.

Une conséquence de la entence qui prononce la chaîne, la prison la plus rigoureuse, ou la prison rude, est que le coupable, non seulement ne peut faire aucune disposition de derniere volonté, du jour que le jugement a été prononcé sur lui, & aussi long-temps que dure sa punition, mais encore que toutes dispositions finales de derniere volonté, que le coupable a faites, même avant le jugement prononcé, même aussi-tôt après la saisie de sa personne, deviennent nuls & sans effet.

30.

Le coupable condamné à la prison adoucie est, à la vérité, retenu par des fers moins pesans; mais tels cependant qu'il ne puisse s'en échapper sans force ou sans adresse. On accorde à ce coupable une meilleure nourriture: mais il n'a pas une autre boisson que de l'eau; & il ne peut parler & s'entretenir avec ses parens ou ses connoissances, sans de fortes raisons déduites & exprimées, & sans la présence du geolier, selon les circonstances. La prison adoucie même peut devenir moins douce par un jeûne plus rigoureux pendant quelques jours de la semaine. On ne donne alors au prisonnier, aux jours destinés pour le jeûne, qu'une livre de pain.

31.

Les travaux publics ont aussi des degrés

d'augmentation, qui dépendent de la plus grande difficulté, de la plus grande fatigue, ou de la prolongation du travail. La fixation convenable du degré d'augmentation est abandonnée au juste examen du juge criminel, d'après des circonstances particulieres qui ont lieu dans chaque pays.

32.

La punition avec les coups de fouet, de verge ou de baton, est infligée ou par soi seulement comme punition, ou pour augmenter celle de la prison & des travaux publics. Cette punition doit être publiquement exécutée sur le criminel. La mesure convenable, aussi bien que le nombre des coups qui doivent être donnés tout à la fois, comme aussi la réitération du châtiment, dépend de la saine prudence du juge criminel; & il suffit de voir la forme du corps du coupable, qui d'ailleurs ne doit pas recevoir à la fois plus de cent coups.

33.

L'attache au pilori s'exécute ainsi. Le coupable condamné à cette punition est enchaîné & gardé dans un lieu assez étendu pour l'affluence du peuple, sur un échafaud élevé, pendant trois jours consécutifs, à chacun desquels il reste une heure de temps; il est exposé aux regards du public, & sur un écriteau, attaché à la poitrine, eſt écrit le nom du délit criminel dont il s'eſt rendu coupable.

34.

Parmi les augmentations des peines criminelles, il faut compter, *a*, la notification publique du coupable ; *b*, la confiſcation des biens ; *c*, la perte de la nobleſſe. Les deux premieres augmentations ne peuvent être prononcées par le juge, ſi elles ne ſont point expreſſément infligées contre un délit énoncé dans le préſent code.

35.

La notification publique du criminel conſiſte en ce que le nom du criminel, avec ſon ſignalement, le délit commis & la ſentence de punition qui a été prononcée, deviennent généralement connus, en la même maniere uſitée en d'autres cas, ſelon la convention de chaque pays, pour les notifications publiques.

36.

Tout coupable de délit criminel perd la jouiſſance du bien qui lui appartient en propre, du jour qu'il a été jugé coupable ; ſur cette jouiſſance, il faut prendre & prélever pour ſa femme & ſes enfans ce qui leur eſt néceſſaire

nécessaire pour leur entretien & subsistance, & le surplus doit être versé dans le fonds de la chambre criminelle, & employé seulement à l'entretien des prisonniers, & pour engager & conserver des archers de justice.

37.

Si le coupable condamné meurt pendant la punition, son bien propre & libre est adjugé à ceux à qui l'héritage appartient de droit, malgré une disposition de derniere volonté existante, & quand même elle auroit été faite en quel temps que ce soit ; mais le coupable, dont le temps de punition est expiré, rentre dans tous les droits de la propriété.

38.

Dans toute sentence criminelle, par laquelle le coupable, à qui la noblesse est en partage, comme d'un bien qui lui est propre, a été condamné, doit être expressément déclaré que le coupable perd, pour sa personne, tous les droits & prérogatives qui sont attachés à la noblesse, selon la constitution de chaque pays. Mais cette perte ne s'étend que sur le coupable seul, & non pas sur sa femme ni sur les enfans qu'il a eus avant d'être dégradé de noblesse.

39.

La marque au fer chaud ſecrete eſt auſſi deſtinée pour être une augmentation de la punition; elle ſe fait au moyen de l'impreſſion diſtincte & ineffaçable d'une potence ſur l'épaule gauche : mais elle a ſeulement lieu contre les coupables étrangers, qui ſont punis de la même maniere, hors des états héréditaires.

CHAPITRE III.

Des délits immédiatement relatifs aux princes ſouverains & à l'état.

40.

Les délits qui ſont immédiatement relatifs aux princes ſouverains & à l'état, ſont : *a*, le crime de leze-majeſté ; *b*, la trahiſon de l'état; *c*, la ſédition, le tumulte; *d*, la force ouverte; *e*, l'abus d'une charge de juſtice; *f*, la fabrication de faux billets d'état ; *g*, le faux monnoyage ; *h*, le ſecours donné pour faire évader le coupable ; *i*, le recelement du coupable ; *k*, l'aſſiſtance prêtée pour ſe ſouſtraire au ſervice de la guerre.

41.

Se rend coupable de leze-majeſté celui qui,

oubliant la grandeur & la dignité que Dieu accorde au prince légitime, porte une main violente sur sa personne, & par un mauvais dessein contre sa personne, s'attaque à elle, de quelque maniere que ce soit, quand même il n'en résulteroit aucun préjudice.

42.

Ce délit doit être puni par la confiscation des biens, qui, dans ce cas, tombe entierement au profit de l'état, sans avoir égard aux enfans qui se trouveroient, & en outre, par la plus rigoureuse prison de longue durée, au second degré.

43.

Se rend aussi coupable de leze-majesté celui qui oublie le respect dû au souverain, & qui a la témérité de l'attaquer en discours publics, ou par des écrits.

44.

La punition de ce délit est la prison adoucie, pour un temps limité, au second degré.

45.

Celui qui, par ingratitude envers la patrie & l'état, dont il est citoyen, ou dans lequel il ne lui est donné & conserve que le séjour

& la protection, forme une entreprise ennemie, qui, immédiatement ou non, tend au détriment général, soit publiquement ou en particulier, par conseil ou par action réelle, en prenant ou sans prendre les armes, seul ou avec plusieurs, par conspiration, trahison, révélation des secrets de l'état, alliance avec les ennemis, assistance & secours prêtés à ces mêmes ennemis, ou par tout acte de ce genre, se rend coupable de trahison de l'état, sans distinction s'il est étranger, ou s'il est naturel du pays.

46.

Ce coupable & ses complices sont punis de la maniere exprimée dans l'article 42.

47.

Quant à ces délits, si dangereux par rapport aux conséquences qui en résultent, on doit traiter comme autant de complices ceux mêmes qui, ayant eu quelque connoissance du dessein de trahir l'état, n'en ont pas fait aussitôt le rapport au magistrat.

48.

Comme traître à l'état, doit être aussi regardé un gouverneur ou chargé d'affaires, étranger ou non, qui révele les secrets de l'état, qui lui deviennent connus par sa charge ou par son emploi ; & encore plus celui qui ſe porte dans une des provinces, ſoit en temps de guerre, dans le camp ou dans les lieux que l'armée ou même un ſeul corps occupe, pour eſpionner, découvrir quelque choſe, & en faire part aux étrangers; ou bien, en temps de guerre, aux ennemis, quel que ſoit l'objet pour lequel il a eſpionné, grand ou petit, de conſéquence déſavantageuſe ou non.

49.

La punition des eſpions eſt déterminée dans les lois de la guerre; & la juſtice militaire ſeule a droit de la prononcer : d'ailleurs un traître à la patrie eſt puni de la priſon, dont la durée & la rigueur doit être proportionnée à l'importance de l'objet qui a été découvert & décelé, aux moyens d'adreſſe qu'il a fallu employer, au préjudice qui en eſt réſulté, ou qui auroit pu en réſulter à l'état; mais elle doit être infligée avec plus de rigueur, quand le coupable, en qualité de gouverneur, de chargé d'affaires & au ſervice de l'Empire, a violé, en connoiſſance de cauſe, un devoir eſſentiel de ſa charge ou de ſon emploi, & pour lequel il a prêté ſerment au prince.

50.

La sédition & le tumulte existent par toute association & tout attroupement absolu & de propre autorité, de plusieurs personnes, pour résister au magistrat supérieur, quelle que soit l'intention de cette résistance, soit pour obtenir, par force, quelque chose du magistrat, soit pour ne point remplir un devoir qu'il a imposé, ou rompre, de quelque maniere que ce soit, une mesure prise & déterminée. Il faut aussi regarder comme tumulte & sédition la voie de fait exercée immédiatement ou non contre la personne du magistrat, ou contre un intendant & officiers subalternes, qui sont préposés pour faire exécuter ses ordonnances. Se rendent coupables de ce crime tous sujets & toutes communautés qui s'attroupent ensemble contre leur territoire, village, bailli, ou officier de justice, ou son préposé.

51.

Les complices & participans à ces délits sont tous ceux qui ont souffert dans leurs maisons toutes assemblées & rendez-vous, dans lesquels on a projeté l'attroupement, qui ont excité les communautés à l'attroupement, ou qui en ont donné le projet, ou qui, ayant eu connoiſſance de ce projet, ont négligé d'en faire le rapport au magiſtrat.

52.

Doivent être auſſi regardés comme adhérens à ce crime tous ceux qui ſe ſont laiſſés entraîner dans un attroupement dont ils connoiſſoient l'intention de réſiſtance, & qui y ſont reſtés attachés, quand même on ne pourroit les convaincre ni d'avoir eu l'intention d'employer leur propre coopération, ni d'une voie de fait effectivement employée.

53.

Toute perſonne qui s'eſt laiſſée entraîner dans une ſédition ou tumulte, met ſa vie en danger, ſi les choſes ont été portées au point que l'attroupement n'a pu être diſperſé qu'à force ouverte. Quand il s'agit de ce délit, la procédure ordinaire au conſeil de guerre a lieu : le coupable eſt jugé ſur le champ; & après différentes délibérations & ſérieuſe attention ſur le délit & ſur le coupable, toutes eſpeces de punition peuvent être infligées. Par rapport au délit, il faut porter ſon attention ſur ce que le deſſein peut avoir d'étendue, ſur le danger de l'entrepriſe, ſur les moyens employés à ſon exécution, ſur l'importance des conſéquences qui en réſultent. Par rapport au coupable, il faut conſidérer le degré de participation qu'il a eu tant au projet qu'à l'action commiſe. En cas du plus haut degré de méchanceté & de dommages publics, les auteurs de la ſédition, avec la confiſcation de leurs biens, qui tombe alors entierement au profit de l'état, ſans avoir égard aux enfans qui peuvent être préſens, ſont condamnés à la peine de mort.

54.

Celui qui, avec pluſieurs gens aſſemblés, pénetre dans le diſtrict, la maiſon ou la demeure d'un autre, ou qu'il y exerce violence contre ſa perſonne, ſes biens ou ſa poſſeſſion, ſe rend coupable du délit de force ouverte, quand même l'action auroit été commiſe dans l'intention ſeulement de rétablir ſes droits revendiqués.

55.

La punition du délit de la force ouverte eſt la priſon ordonnée pour un temps limité, au premier degré, mais la priſon rude & la condamnation aux travaux publics; mais celui contre lequel la force ouverte a été exercée, a toujours le droit, nonobſtant cette punition, de chercher les dédommagemens & la ſatisfaction convenables.

56.

Se rend coupable du délit de force ouverte celui qui fait résistance en personne & avec violence au juge, à une personne de justice, ou à ses subalternes, dans les fonctions de sa charge; comme aussi celui qui s'oppose de même à une garde ou à la personne de celui qui garde, pour maintenir l'exécution d'un ordre émané du magistrat, quand même aucune blessure ne seroit résultée de cette résistance.

57.

Un tel coupable doit être condamné à la prison pour un temps limité, mais rude, au premier degré; mais si la force de la résistance avoit été considérable, & si elle avoit occasionné tort & blessure, la prison pour un temps limité, mais rude, au second degré, doit être prononcée contre le coupable.

58.

Celui qui, revêtu d'une charge qui lui a été confiée; emploie sa puissance & son autorité à porter préjudice à quelqu'un, en son honneur, bien, ou de toute maniere contraire à la justice; qui abandonne les droits &

les intérêts de quelqu'un; qui aide quelqu'un à l'exécution d'un mauvais dessein & d'une action préjudiciable contre un tiers, se rend coupable du délit d'abus de charge de justice.

59.

Est encore coupable de ce délit un juge qui, par présent ou autrement, par passion & à dessein particulier, se laisse engager à changer les devoirs de justice ordinaire, refuse le droit qui est dû, ou prononce un jugement évidemment injuste.

60.

La punition de ce délit est la prison rude & la condamnation aux travaux publics, continus au premier degré. Cette punition peut être augmentée par l'attache au pilori, & la notification publique du coupable.

61.

Doivent être regardés comme participans à ce délit ceux qui, par des promesses, des présens donnés immédiatement ou non, mais toujours donnés, ou par toute autre voie criminelle, cherchent à engager le juge ou le magistrat à l'abus de charge de justice, que leur dessein réussisse ou non, qu'ils traitent pour leur propre intérêt ou pour celui d'un tiers.

62.

La punition de ce délit est la prison pour un temps limité, adoucie, au premier degré, & la condamnation aux travaux publics ; cependant elle peut être augmentée, selon les circonstances.

63.

Celui qui entreprend de contrefaire les billets d'état publics qui circulent comme monnoie, ou sur lesquels les caisses publiques ont à faire des payemens, que le dessein soit exécuté ou non, qu'il en résulte préjudice pour une caisse ou pour un tiers ou non, que le papier d'état contrefait concerne la caisse publique de l'état, ou celle de tout état étranger, se rend coupable du délit de fabrication de faux billets d'état.

64.

Est aussi coupable de ce délit celui qui falsifie les billets d'état publics, bons & loyaux en soi, par le changement en plus forte somme que celle pour laquelle ils ont été rigoureusement faits, que la falsification soit reconnue légere ou de peu d'importance, qu'il ait résulté de ce changement un dommage réel ou non.

65.

Pour ce délit, dans le cas de l'article 63, la prison de longue durée, au second degré; mais dans le cas de l'article 64, la prison rude & continue, au second degré, ou la prison, avec condamnation aux travaux rudes publics, est prononcée en punition. Dans le cas où des circonstances plus importantes & particuliérement remarquables se réuniroient, la punition peut être augmentée par l'attache au pilori, & le châtiment public avec les coups.

66.

Sont complices de ce délit ceux qui imitent les signatures au bas des billets publics, contrefont par le burin les armes, fabriquent papiers étrangers, matrice, caracteres, presses, ou tout ce qui peut servir à la fabrication de faux billets d'état, & les livrent sciemment aux falsificateurs, pour aider à la fabrication, ou qui, de toute maniere que ce soit, ont coopéré à la fabrication de faux billets d'état.

67.

La punition de la coopération est précisément celle qui est fixée dans l'article 65.

68.

Est coupable de faux monnoyage celui qui,

ſans la permiſſion du prince, bat monnoie d'après le coin des états héréditaires, ou d'après le coin étranger qui court dans les états héréditaires, quand même le titre & le poids feroient conformes à la monnoie courante, quand même elle feroit encore de meilleur alloi.

69.

La punition de faux monnoyage eſt la priſon pour un temps limité, mais rude, au premier degré, avec condamnation aux travaux publics.

70.

Eſt auſſi faux monnoyeur celui qui, d'après le coin des états héréditaires, ou d'après un coin courant dans les états héréditaires, bat monnoie de bas alloi avec un métal fin & loyal, ou qui bat monnoie illégitime avec métal de bas alloi, ou autrement, par fraude, donne à la fauſſe monnoie la qualité de la bonne.

71.

La punition de ce délit eſt la priſon rude & la condamnation aux travaux publics continus, au ſecond degré.

72.

Sont complices de ce délit ceux qui fabriquent des outils & instrumens propres & utiles au monnoyage, de quelque espece que ce soit, font sciemment des provisions pour le faux monnoyage, ou qui ont coopéré, de quelque maniere que ce soit, au faux monnoyage.

73.

La punition de la coopération au faux monnoyage, est la prison rude continue, au premier degré, & la condamnation aux travaux publics.

74.

Comme faux monnoyeurs doivent être aussi traités ceux qui alterent la monnoie courante dans les états héréditaires, ou dans les états étrangers, de quelque maniere que ce soit, dans sa valeur intrinseque & sa qualité propre, & d'après laquelle elle a été frappée.

75.

La punition de ce délit est la prison rude continue, au premier degré, & la condamnation aux travaux publics.

76.

Celui qui, par son aide & secours, facilite l'évasion à une personne dont la justice s'est emparée, ou les moyens de s'échapper par force ou par adresse de la prison ou de la garde qui le retient, ſe rend coupable d'un délit criminel, ſans diſtinction ſi le ſecours a été prêté à un priſonnier qui eſt ſeulement dans l'information, & qui par conſéquent n'eſt pas encore reconnu coupable, ou s'il a été prêté à un coupable condamné, & retenu ſous garde & ſous la punition.

77.

Dans le cas où le ſecours pour favoriſer l'évaſion auroit été donné immédiatement par le magiſtrat lui-même, ou non pas immédiatement, mais avec ſa participation, ſon conſentement, en laiſſant l'occaſion en main, ou par une indulgence contraire aux lois, la punition eſt la priſon rude continue, & même au ſecond degré, quand le ſecours a été prêté aux criminels d'état, aux aſſaſſins, aux voleurs, ou aux incendiaires. En même temps, un tel coupable perd l'exercice de la puiſſance juridique, qui peut être unie à la poſſeſſion d'un bien qui lui eſt accordé pour le temps ſeulement qu'il en eſt revêtu. Cette punition peut être augmentée par la notification publique.

78.

Si le ſecours prêté pour favoriſer l'évaſion eſt venu ſans la participation ou connoiſſance du magiſtrat lui-même, d'un de ſes lieutenans, ou d'un officier qui eſt prépoſé à la garde du priſonnier, le coupable, dans ce cas, eſt condamné aux travaux publics rudes pour un temps limité, au premier degré.

79.

Si ce même ſecours, pour favoriſer l'évaſion, eſt venu de la part d'un coupable qui par-là ne porte aucune atteinte aux devoirs de la charge qui lui eſt confiée, il doit être puni par la priſon pour un temps limité, au premier degré, mais la priſon adoucie, & par la condamnation aux travaux publics.

80.

Le priſonnier qui cherche la force & les moyens pour s'évader, doit être châtié avec les coups, & chargé de fers plus peſans. S'il avoit conſommé l'évaſion par adreſſe ou par force, en ne conſidérant que l'évaſion ſeule & ſans avoir égard à d'autres crimes nouvellement commis, & ſur leſquels il doit être jugé particulierement, ſa punition, pendant le temps qui lui reſte encore pour être terminée, doit être augmentée par le jeûne, les coups, les fers plus peſans, &, ſelon les circonſtances, par la chaîne plus étroite.

81.

Celui qui cache ſciemment dans ſa demeure un homme viſiblement marqué au fer chaud, un homme qui a échappé de priſon ou de punition, ou un homme qui lui eſt connu comme coupable d'un délit, ou donne à un tel homme ſéjour ſeulement pour un temps, quoique ce ne ſoit point une retraite cachée, eſt coupable du recelement d'un criminel, quand même par-là il ne contribue en rien à la conſommation du délit, & que par conſéquent on ne peut le charger de plus grande participation au délit.

82.

Eſt auſſi coupable de ce délit celui qui tient caché, ou chez lui, ou dans tout autre endroit, l'objet du délit; par exemple, le corps d'un homme aſſaſſiné, le bien volé, &c., ou quelques inſtrumens ſervant préciſément à la conſommation d'un délit.

83.

Enfin eſt encore coupable de ce délit celui qui procure à un homme coupable d'un délit criminel, dont il a connoiſſance, des habillemens pour n'être pas reconnu, ou autrement fait en ſorte qu'il reſte caché aux regards de la juſtice & ſans être découvert.

84.

La punition du recelement du coupable eſt, ſelon qu'il a été décidé que le coupable caché eſt plus dangereux, qu'il porte plus de préjudice à la ſociété, la priſon pour un temps limité, ou la priſon continue, la priſon adoucie, ou la plus rigoureuſe priſon, & la condamnation aux travaux publics.

85.

Cependant celui qui cache ſon parent en ligne droite ou collatérale, ſes freres & ſœurs, ſes beaux-freres, ſes belles-ſœurs, leurs époux, leurs épouſes, ou ſa propre épouſe, ou les freres & ſœurs, les beaux-freres & belles ſœurs de ſon épouſe, la perſonne cachée lui fût-elle connue comme effectivement coupable, d'après le degré qui le fait appartenir de plus près à la perſonne cachée, doit être traité avec moins de rigueur, ſous la condition expreſſe que celui qui recele dans ce cas, n'a ſervi en la moindre choſe, de ſon côté, à l'exécution ou à la conſommation du délit.

86.

Celui qui ſciemment perſuade un ſoldat,

qui a prêté serment sous les drapeaux des états héréditaires, ou à un serviteur attaché à un corps militaire des états héréditaires, à quitter le service, ou lorsque le militaire n'a point pris en lui-même cette résolution, qui la lui suggere par conseil & action, ou celui qui prête la main à un déserteur, déterminé par lui-même à la désertion, par l'achat de sa monture ou de ses armes, en lui enseignant le chemin, moyennant l'habillement, retraite, séjour donnés chez lui, ou de toute autre maniere que ce soit, & que par-là, ou il facilite la désertion, ou bien ôte les moyens d'en faire des recherches & de la découvrir, se rend coupable de désertion favorisée du service de la guerre.

87.

Lorsque celui qui s'est rendu coupable de ce délit est propre au service de la guerre, il doit, sans exception quelconque, entrer au service de la guerre à la place de celui à qui il a donné les moyens de commettre la désertion. Si la naissance ou une autre circonstance le rend incapable du service de la guerre, le coupable, outre qu'il doit payer au trésor de la guerre le double d'argent employé pour les recrues, est condamné aux arrêts, pour un temps limité, adoucis au premier degré. Cette punition doit être commuée en arrêts pour un temps limité, au second degré; & en condamnation aux travaux publics, quand le coupable est dans l'impuissance de faire le payement au trésor de la guerre.

88.

Les lois de la guerre ont déterminé comment & de quelle maniere la désertion du service doit être punie sur le déserteur, & la justice militaire seule a droit d'en connoître & d'en juger.

CHAPITRE IV.

Des délits immédiatement relatifs à la vie humaine & à la sûreté corporelle.

89.

Les crimes qui sont immédiatement relatifs à la vie humaine & à la sûreté corporelle, sont : *a*, le meurtre ordinaire; *b*, le meurtre commis en brigandage; *c*, l'assassinat; *d*, la commission donnée pour le meurtre; *e*, le duel; *f*, l'avortement; *g*, l'exposition des enfans; *h*, la blessure violente; *i*, le suicide.

90.

Se rend coupable de meurtre celui qui attaque un homme avec des armes meurtrieres, ou qui porte ſur lui une main violente, de maniere que la bleſſure en devient néceſſairement mortelle, & que la mort du bleſſé s'enſuit néceſſairement, ou tout auſſi-tôt, ou bien quelque temps après, ſans que, dans l'intervalle, la guériſon du bleſſé ſoit opérée & établie.

91.

La punition du meurtre ordinaire eſt la priſon rude & de longue durée, au premier degré.

92.

Par le meurtre ordinaire & les autres eſpeces de meurtres, le lien de l'amour paternel, maternel & filial, de la foi conjugale, de la parenté, aux degrés énoncés à l'article 85, auquel il faut joindre auſſi les freres & ſœurs des pere & mere, grand-pere & grand-mere, reçoit atteinte & léſion; enfin lorſque, par ce meurtre, une étroite alliance eſt violée & rompue, au moyen de laquelle alliance le criminel a été plus obligé au reſpect envers la perſonne homicidée, la punition doit être la condamnation à la priſon rude & de longue durée, au ſecond degré, & doit recevoir encore des augmentations ſenſibles.

93.

Ces augmentations ont lieu, quand, par le genre d'aſſaſſinat, on voit une cruauté particuliere & le deſſein marqué dans le meurtrier, de rendre la mort plus ſenſible à la perſonne homicidée.

94.

Si un meurtre a été commis en aſſociation de pluſieurs perſonnes, tous ceux qui y ont contribué avec connoiſſance & projet formé, doivent être punis comme le meurtrier lui-même, qu'il ait porté la main ſur la perſonne aſſaſſinée ou non.

95.

La colere, la précipitation, la promptitude, le bruit, le tumulte ne juſtifient point le coupable, ſur-tout par rapport au délit du meurtre; cependant, ſelon les circonſtances, la punition peut être adoucie, lorſqu'il s'agit de pareils cas.

96.

Cependant celui qui a tué quelqu'un en juſte néceſſité, en défenſe de ſoi-même, par exemple, ne doit pas être regardé comme un meurtrier. Mais l'excuse de la nécessité n'est valable que quand le meurtrier prouve, ou qu'il est fondé, d'après les circonstances des personnes, du lieu, du temps, à faire conclure que, sans y avoir donné lieu, il a été attaqué par la personne homicidée, de maniere qu'il pouvoit craindre, avec raison, qu'il ne fût blessé lui-même, ou que la vie ne lui fût arrachée; ou quand il prouve qu'il a employé la défense violente dont la mort de son prochain en est résultée, pour protéger son bien, ou celui de son prochain, ou sa liberté, contre un injuste agresseur, dont il ne pouvoit se rendre maître sans être en danger d'être blessé lui-même, ou d'être tué.

97.

Mais est coupable du délit du meurtre celui qui a tué un homme, à la vérité, en sa propre défense, mais qui a passé les bornes marquées d'une juste nécessité; parce que, sans dommage & danger, il auroit pu se soustraire à l'attaque tout autrement que par la mort de l'agresseur, ou parce qu'il auroit pu se rendre maître de l'agresseur sans le tuer, ou s'il avoit lui-même immédiatement occasionné l'attaque contre laquelle il avoit ensuite à se défendre: en pareil cas, la punition n'est cependant que la condamnation à la prison pour un temps limité, & la condamnation aux travaux publics, au premier degré, & cette punition peut être augmentée selon les circonstances particulieres.

98.

Celui qui attaque & tue un homme dans le dessein de voler le propre bien de la personne homicidée, ou le bien étranger confié à sa garde & à ses soins, est coupable du meurtre commis en brigandage, que l'attaque ait lieu dans une rue libre, dans la maison, la demeure ou le domicile de la personne homicidée.

99.

La punition du meurtre commis en brigandage est la plus rigoureuse prison de longue durée, au second degré; seulement lorsque, par le genre de meurtre, se manifeste une cruauté particuliere dans le meurtrier, au lieu de la prison la plus rigoureuse, la condamnation à la chaîne doit être prononcée.

100.

Est coupable d'assassinat celui qui, avec feinte, ruse, arme ou poison, a assassiné d'une maniere qui, par rapport à l'assassiné, lui empêchoit la précaution & la défense.

101.

La punition de l'aſſaſſinat eſt la condamnation à la chaîne de longue durée, au ſecond degré.

102.

Celui qui, par careſſes, promeſſes, préſens, menaces, force, ou de toute maniere imaginable, cherche à engager quelqu'un à aſſaſſiner un tiers, ſe rend coupable du crime de commiſſion donnée pour le meurtre, qu'il ait répondu de cette commiſſion ou non, que l'attaque ou la mort convenue en ait réſulté ou non.

103.

Dans la punition de ce délit, il n'y a qu'une différence à faire; ſi la commiſſion n'a pas été acceptée, ou ſi, l'ayant été, aucune attaque ne s'en eſt ſuivie, le coupable doit être puni par la priſon pour un temps limité, au ſecond degré, mais la priſon rude, & par la condamnation aux travaux publics. Si, de la commiſſion acceptée, il eſt réſulté, à la vérité, une attaque, mais non pas la mort, la priſon rude continue, au premier degré, & la condamnation aux travaux publics doivent être prononcées contre le coupable. Si le meurtre dont il a donné la commiſſion a été effectivement conſommé, le coupable doit être puni comme le meurtrier lui-même.

104.

S'il exiſte entre celui qui a été commis pour l'aſſaſſinat & celui contre lequel il a été exécuté, les rapports dont il eſt fait mention dans l'article 92, même augmentation de la punition a lieu en pareil cas.

105.

Eſt coupable de duel celui qui appelle quelqu'un au combat avec des armes meurtrieres, quelle que ſoit la raiſon qui ait occaſionné cet appel. Le reſpect dû aux lois civiles & au gouvernement, qui protegent & défendent tout homme offenſé, ſon bien & ſon honneur contre tout homme qui l'offenſe, le maintien du bon ordre, du repos & de la sûreté publique, ne permet pas qu'aucun citoyen ſe faſſe juſtice à lui-même à main armée, & mette en danger ſa vie, celle de ſon adverſaire & de ſes concitoyens.

106.

Ce délit eſt conſommé tant de la part de l'appelant que de la part de l'appelé, auſſi-tôt qu'ils ſe ſont diſpoſés au combat avec des armes meurtrieres, quand même la mort ne s'ensuivroit pas des deux côtés, qu'il n'y auroit même des deux côtés qu'une seule blessure portée, ou qu'il n'y en auroit pas du tout.

107.

Si la mort d'un des duellistes en est résultée, le survivant, s'il a été l'appelant, doit être regardé comme un autre assassin ordinaire; si c'est l'appelé qui survit, il doit être puni par la prison rude continue, au premier degré, & par la condamnation aux travaux publics.

108.

Le droit de dédommagement parfait contre le survivant est réservé à la veuve & aux enfans du mort, qu'il soit l'appelant ou qu'il soit l'appelé.

109.

Si aucun des combattans n'est resté dans le combat, l'appelé doit être condamné à la prison pour un temps limité, au premier degré, mais à la prison & aux travaux publics; l'appelé doit être condamné à la prison pour un tempslimité, mais la prison adoucie.

110.

Les complices de ce délit sont : *a*, ceux qui, au moment du duel, se sont portés comme aſſiſtans, ou, ainſi qu'on les appelle, comme ſeconds, pour un des combattans; *b*, ceux qui ont contribué, de quelque maniere que ce ſoit, à l'appel & à l'acceptation de l'appel; comme auſſi, *c*, ceux qui ont menacé ou montré du mépris à celui qui, fidele aux lois, a cherché à éluder l'appel.

111.

La punition de la complicité au duel eſt la priſon adoucie pour un temps limité, au premier degré; cependant elle peut être prolongée contre les ſeconds.

112.

Une femme qui ſait être groſſe & entreprend avec ſoin quelque acte que ce ſoit qui puiſſe cauſer l'avortement de ſon fruit, ou peut opérer ſon accouchement, de maniere que l'enfant vienne mort au monde, ſe rend coupable d'un délit criminel, quel que ſoit le motif qui ait occaſionné ce délit.

113.

La punition de l'avortement eſt la priſon pour un temps limité, au premier degré, & la condamnation aux travaux publics. Cette punition doit toujours être augmentée pour les femme mariées.

114.

Sont complices de ce délit ceux qui ont conseillé & persuadé des moyens pour l'avortement ; qui ont procuré ces mêmes moyens pour l'avortement, ou qui y ont contribué sciemment, de quelque maniere que ce soit, que cette complicité ait eu lieu sur le désir que la femme en a témoigné, ou sans son désir.

115.

La punition de la complicité à ce crime est la prison adoucie pour un temps limité, au premier degré, & la condamnation aux travaux publics. Cette punition peut être augmentée, quand le complice est convaincu être le pere de l'enfant avorté.

116.

Celui qui expose un enfant vivant, dans un âge où il lui est impossible de se donner du secours pour sauver sa vie, afin de le livrer au péril de la mort, ou d'abandonner sa délivrance au hasard, se rend coupable du délit d'exposition d'enfant, quel que soit le motif qui l'ait engagé à commettre ce délit, sans distinction quelconque, que la mort de l'enfant exposé en soit résultée ou non.

117.

a. Si l'exposition de l'enfant s'est faite dans un lieu isolé, & qui n'est point fréquenté ordinairement par les hommes, ou si l'enfant exposé étoit tellement enveloppé, qu'il ne pouvoit être aperçu des passans, ou si, pour entendre ses cris, sans avoir cherché à les empêcher, on les avoit du moins rendus plus difficiles à percer.

b. Si l'exposition a été faite par un homme à qui les droits civils & naturels faisoient un devoir d'employer ses soins pour la conservation de l'enfant exposé.

c. Si la mort de l'enfant exposé, avant qu'il ait été trouvé, s'en est suivie, & qu'elle a été causée véritablement par l'exposition, la punition est, dans les deux premiers cas, le premier degré; dans le dernier cas, le second degré de la prison rude continue : & cette punition peut être augmentée d'après le degré de malice qui a été employé.

118.

S'il arrivoit que l'exposition eût lieu dans un endroit communément fréquenté, de maniere que l'aperçu subit de l'enfant exposé fût nécessité, & qu'il se fit attendre par toutes les raisons possibles, la punition est la prison adoucie pour un temps limité, au premier degré, & la condamnation aux travaux publics.

119.

Est aussi coupable d'un délit criminel celui qui, par colere, vengeance, inimitié, cupidité, porte une main violente sur une personne, par laquelle violence la personne attaquée n'a point été tuée, mais qui en a été blessée considérablement.

120.

La punition de ce délit est, d'après le degré de méchanceté & de force employée, & des dommages qui en ont résulté, la prison rude pour un temps limité, au premier degré, ou la prison adoucie. Seulement, lorsque la blessure met la vie en danger, ou entraîne pour toujours après elle la perte de la santé, ou lorsqu'un degré particulier de méchanceté a été employé, en pareil cas, le second degré de prison pour un temps limité, est déterminé pour punition. Dans tous les cas, satisfaction doit être accordée au blessé; mais le droit du dédommagement est réservé autant à lui qu'à sa femme & à ses enfans, quand la blessure influe sur leur entretien alimentaire, ou leur a porté préjudice & dommage.

121.

Celui qui, par mauvais dessein, a estropié quelqu'un à l'un de ses membres, l'action eût-elle été commise même au désir de la personne estropiée, est coupable d'un délit criminel.

122.

La punition de ce délit est la prison rude pour un temps limité, au premier degré, & la condamnation aux travaux publics. Cette punition peut être augmentée, d'après la force employée & le dommage considérable qui en a pu résulter. Satisfaction & dédommagement sont réservés à la personne estropiée, quand l'action n'a pas été commise à son désir, comme aussi à sa femme & à ses enfans.

123.

Le suicide est lorsqu'une personne s'ôte la vie par une action violente & qui tend à la mort, dans un temps où aucun signe d'un dérangement d'esprit, ou d'une maladie plus grave, qui ôtoient l'usage de la raison, n'a été apperçu; le corps du suicide, s'il est mort sur le champ, ou s'il est mort sans repentir marqué, doit être jeté en terre par le bourreau. Si, entre l'action & la mort qui en est résultée,

résultée, il a montré du repentir, on ne doit refuser à son corps que les cérémonies funebres accoutumées, & il doit être enterré sans convoi ni cérémonie.

124.

Si le suicide est arrivé pour échapper à la punition juste & redoutée d'un délit commis, le nom du suicide, avec le détail de son délit, aussi long qu'il peut l'être, en tant qu'il est juridiquement prouvé, doit être affiché à une potence, & notifié généralement.

125.

Si le suicide, à la vérité projeté & cherché, n'a point été consommé par pur hasard, ou par toute autre cause, sans le vouloir & la participation du coupable, le coupable, qu'il se soit fait une blessure ou non, doit être mis en prison, où toute action violente sur lui-même, lui devenant alors impossible, il reste pour un temps indéterminé, & jusqu'à ce qu'il soit convaincu par instructions & enseignemens que la conservation de soi est un devoir envers Dieu, l'état, & envers soi-même, & jusqu'à ce qu'il montre un repentir parfait, & laisse espérer qu'il se corrigera dans sa conduite.

CHAPITRE V.

Des délits criminels immédiatement relatifs à l'honneur & à la liberté.

126.

Les délits qui sont immédiatement relatifs à l'honneur & à la liberté, sont, *a*, la calomnie; *b*, le viol; *c*, l'enlevement d'homme; *d*. le rapt; *e*, l'emprisonnement qui n'est point autorisé.

127.

Se rend coupable du délit de la calomnie celui qui, dans le dessein punissable de faire tort à une personne, de détourner les avantages qu'elle pouvoit attendre, de porter empêchement à ses droits, ou de lui faire injustice, lui impute un délit ou une action contraire aux lois, dont il n'a point de certitude, à moins que le coupable ne se présentât au magistrat légitime, pour accuser celui contre lequel cette dénonciation est faite.

128.

Est aussi coupable de ce délit celui qui, même lorsqu'il se présente au magistrat légitime, & accuse une personne d'un délit ou d'une action contraire aux *lois*, ne peut ni démontrer la vérité de son accusation, ni apporter une raison valable pour laquelle il a entrepris cette accusation.

129.

Si la calomnie ne porte aucun dommage ou préjudice au calomnié, la punition est la prison adoucie pour un temps limité, au premier degré, & la condamnation aux travaux publics, à laquelle les coups peuvent être ajoutés ; mais si le calomnié en a reçu dommage & préjudice, ou si la calomnie a été faite par un mauvais dessein, la punition de la calomnie est la prison rude pour un temps limité, au premier degré, & la condamnation aux travaux publics, avec notification publique du coupable. Mais la notification doit être faite précisément, afin que la calomnie, au grand désavantage de celui qui l'a essuyée, ne devienne pas par-là plus étendue, ou que son souvenir ne soit renouvelé. La punition doit être prolongée ou augmentée, selon le plus haut degré de méchanceté qui a été employé, le dommage qui en est résulté, ou selon que le lien de la parenté & le devoir du respect, d'après l'article 92, a été plus fortement violé par la calomnie. En outre, il est toujours réservé au calomnié le droit de satisfaction & de parfait dédommagement.

130.

Le viol est commis par celui qui, dans le dessein honteux d'abuser d'une femme, la met hors d'état, par un lien fort & puissant, par l'assistance d'un complice de son délit, de s'opposer à ses désirs criminels, & qui, dans cet état de violence, en abuse effectivement.

131.

Est enfin coupable de ce délit celui qui, par l'ostension d'armes meurtrieres, & la menace de s'en servir, force une femme à souffrir ce honteux abus.

132.

La punition du viol est la prison rude continue, au premier degré, ou la condamnation aux travaux publics, qui, d'après le degré de violence employée & du dommage qui est résulté de cet abus, peut être augmentée. La femme violée, à qui son droit de satisfaction & de dédommagement demeure réservé, peut en même temps obtenir juridiquement un établissement quelconque suffisant, proportionné au bien du coupable.

133.

L'aide & secours prêtés pour commettre le viol doit être puni par la prison rude pour un temps limité, au second degré, & par la condamnation aux travaux publics, qui, selon les circonstances, peuvent être aggravés par les coups. Ceux qui ont aidé à faire commettre un viol, sont de même obligés, envers la personne violée, à satisfaction, dédommagement, établissement quelconque, si le bien seul du criminel ne suffisoit pas.

134.

Celui qui, sans la connoissance & le consentement du magistrat légitime, s'empare, par force ou par adresse, d'un homme qui fait son séjour en dedans les bornes de l'état, pour le livrer, contre sa volonté, à un Etat étranger, à une puissance étrangere, ou autrement même dans les états héréditaires, en employant un pouvoir injuste, se rend coupable de l'enlevement d'homme.

135.

La punition de l'enlevement d'homme est la prison rude de longue durée, au premier degré; & cette punition peut être augmentée, si le coupable est naturel du pays.

136.

Se rend auſſi coupable de ce délit celui qui, en dedans les bornes des états héréditaires, enrôle pour le ſervice étranger, ou pour l'émigration dans les pays étrangers, quand il n'y auroit employé ni ruſe, ni force, & que l'enrôleur fût naturel de l'état auquel il a été utile par l'enrôlement.

137.

Celui qui enrôle dans le ſervice étranger, ou celui qui enrôle un homme appartenant à un de nos corps militaires ſeulement pour l'émigration dans le pays étranger, doit être puni ſelon les lois de la guerre, ſur leſquelles la juſtice militaire ſeule a droit de prononcer. Si l'enrôlement arrive hors des cas d'abord énoncés, la punition eſt la condamnatiou aux travaux publics continus, qui peut être augmentée quand le coupable eſt naturel du pays, ou que l'enrôlé a été effectivement mis hors des états héréditaires.

138.

Comme coupable d'enlevement d'homme, doit être regardé celui qui, par force ou par adreſſe, enleve en ſecret un enfant de moyen âge, qui eſt ſous la tutelle d'un pere, d'un tuteur, ou de toute autre perſonne, à ſon pere, à ſon tuteur, à celui qui en prend ſoin, quelque raiſon qu'il ait eue pour cet enlevement, qu'il en ait résulté du dommage pour l'enfant, ou non.

139.

S'il n'eſt résulté aucun dommage pour l'enfant enlevé, la punition de l'enlevement eſt la priſon adoucie pour un temps limité, au premier degré. Si, avec l'enlevement de l'enfant, un délit a été ajouté, alors, ou la plus rigoureuſe punition établie relativement à ce délit, doit être encore augmentée, ou la punition adoucie doit être commuée en la priſon rude continue, au premier degré, & encore en la condamnation aux travaux publics. Cette punition a lieu quand un enfant a été enlevé dans le deſſein de lui faire embraſſer une autre religion que celle dans laquelle il eſt né.

140.

Celui qui s'empare d'une femme par force ou par adreſſe, & contre ſa volonté, dans l'intention d'en obtenir un conſentement pour le mariage pour ſoi, ou pour débauche honteuſe, ou pour une autre perſonne & l'emmene, nonobſtant ſon oppoſition ou proteſtation, du lieu de ſa demeure, ſe rend coupable de rapt, que le coupable ſoit parvenu à l'accompliſſement de ſon deſſein ou non.

141.

La punition de ce délit eſt la priſon rude pour un temps limité, au ſecond degré, & la condamnation aux travaux publics, avec la notification générale du coupable. A la femme ravie eſt réſervé le droit de ſatisfaction & de parfait dédommagement.

142.

Se rend auſſi coupable de rapt celui qui, ſachant qu'une femme eſt liée par le légitime mariage, ou qu'elle eſt ſous la puiſſance d'un pere, d'un tuteur, ou de toute autre puiſſance légitime, l'enleve, ſans ſon conſentement, à la puiſſance de ceux qui l'ont légitimement ſur elle.

143.

La punition du rapt eſt la priſon adoucie pour un temps limité, au premier degré, & la condamnation aux travaux publics, dont la durée propre, ou l'augmentation rigide, doit être prononcée ſelon les circonſtances qui ont occasionné l'action, l'ont accompagnée, ou qui l'ont suivie.

144.

La punition de l'aide & secours prêtés à ce délit, qu'ils aient été donnés, soit pour consommer l'action, soit pour la cacher, est la prison adoucie pour un temps limité, au premier degré.

145

Celui à qui, suivant la loi, la constitution du pays, la puissance juridique, & le droit qui en résulte, il n'appartient pas de conduire prisonnier devant une jurisdiction établie ; lorsque, de sa propre autorité, il met quelqu'un dans une prison contre sa volonté, qu'il tient sa personne enfermée, ou l'empêche, de quelque maniere que ce soit, dans l'usage de sa liberté, quelque raison qui l'y ait engagé, est coupable d'un délit criminel.

146.

Mais n'est compris dans ce délit, *a*, quand un malfaiteur reconnu ; *b*, ou tel qui est regardé comme un homme nuisible & dangereux à la sûreté commune, est tenu enfermé jusqu'à ce qu'il puisse être livré à la justice ordinaire, ou quand un pere tient renfermé ſon enfant de moyen âge, ou un tuteur l'enfant confié à ſes ſoins, pour la correction domeſtique. Cependant, dans les deux premiers cas, on doit rendre compte auſſi-tôt à la juſtice de la détention; dans le dernier cas, l'enfant ne ſera enfermé pour plus long-temps que trois jours au plus; & on ne doit rien ajouter à cette punition qui puiſſe être préjudiciable à ſa ſanté.

147.

La punition de l'empriſonnement qui n'eſt point autoriſé, & qui eſt fait de propre autorité, eſt la priſon adoucie pour un temps limité, au premier degré, qui peut être rendue plus rigoureuſe par la durée & l'augmentation rigide, ſeulement lorſqu'il eſt réſulté de l'empriſonnement dommage pour le détenu, ou qu'avec l'inconvénient de la liberté enlevée s'eſt joint encore un autre inconvénient; & en outre, toujours eſt réſervé à la perſonne léſée le droit de ſatisfaction & de parfait dédommagement.

CHAPITRE VI.

Des délits criminels immédiatement relatifs aux biens & au droit.

138.

LES délits qui ſont immédiatement relatifs aux biens & au droit, ſont : *a*, la fraude (*ſtellionatus, falſum*) ; *b*, le larcin ; *c*, le vol ; *d*, le crime d'incendiaire ; *e*, la bigamie.

149.

Se rend en général coupable de fraude tout homme qui, par quelque ruſe ou adreſſe que ce ſoit, cherche à attirer à ſoi la propriété d'autrui, ou à faire tort à quelqu'un, par un mauvais deſſein, dans ſes biens, ſon honneur, ſa liberté ou ſes droits, ſans avoir égard aux moyens dont le trompeur s'eſt ſervi, & ſans examiner s'il a atteint le but de ſon projet ou non.

150.

Mais particulierement eſt coupable de fraude, *a*, celui qui trouve des titres ou actes, & qui, avec ou ſans l'imitation d'une main étrangere, ou ajoute lui-même, ſans qu'elles le sachent, les signatures des parties, ou les fait ajouter par d'autres, ou qui, sur des actes juridiques déjà faits & parfaits, sans la participation & le consentement des parties prenantes & à leur désavantage, fait des changemens à la teneur; par exemple, lorsqu'il ajoute de nouvelles obligations, ou agrandit celles qui existent déjà, efface entierement les obligations faites & convenues, ou les diminue, lorsque, de même & de quelque maniere que ce soit, il cherche à rendre valables & légitimes des actes illégitimes, ou falsifie le sens & la teneur des actes légitimes.

151.

Pareillement sont coupables de fraude, *b*, ceux qui, dans la chose propre ou étrangere, portent faux témoignage devant la justice, ou engagent quelqu'un à porter ce faux témoignage; que la persuasion tende à leur propre avantage, ou à celui d'autrui; que le témoignage se fasse avec serment, ou sans serment; que le but désiré ait été atteint ou non.

152.

c. Ceux qui prennent faux noms, dignité, caractere & état; s'attribuent faussement des emplois civils ou de justice; se donnent pour propriétaires d'un bien étranger; &, sous une apparence empruntée, s'approprient un gain illégitime, pour porter préjudice à quelqu'un en son bien, son honneur, sa liberté, & ses droits à lui appartenans, ou pour engager quelqu'un à des actions illégales, qu'il ne se seroit pas décidé à commettre sans l'intervention de la fraude.

153.

d. Ceux qui abusent de l'esprit d'un homme moins éclairé, de ses idées encore obscures de religion, de ses préjugés, pour le rendre réfractaire à la loi, ou l'induire à telles actions qui tendent à son désavantage, ou à celui des autres.

154.

e. Les gens de loi & avocats, lorsqu'au détriment de la partie qui leur a confié sa défense, ils découvrent des secrets à la partie adverse, dont ils ont eu connoissance dans l'affaire qu'ils ont entrepris de suivre, ou quand ils sont sciemment favorables à la partie adverse, dans la composition des écrits de procédure, ou qu'autrement ils aident, par conseil & action, contre leur propre partie.

155.

Comme les cas particuliers de fraude ici

exprimés ne rempliffent pas toute l'étendue de ce genre de délit, & que les moyens de fraude peuvent être auffi multipliés dans la maniere, qu'ils peuvent être variés dans le degré de méchanceté, il n'eft pas poffible d'établir une punition déterminée relativement à ce délit, dont la moindre ou la plus rigoureufe punition dépend des circonftances qui l'accompagnent. Mais en général il doit être puni par la prifon continue, ou pour un temps limité, par la prifon rude ou la prifon adoucie, & la condamnation aux travaux publics, en réfervant en outre à la perfonne trompée ou léfée le droit de fatisfaction & de parfait dédommagement. Mais, felon les circonftances, toute autre punition plus rigoureufe doit être prononcée contre ce délit. La punition doit être augmentée, lorfque, par la fraude, quelqu'un effectivement a effuyé un dommage confidérable, ou la perte d'un avantage légitime : quand la rufe employée étoit ourdie de telle maniere, qu'il n'a point été poffible de la prévenir ni de l'empêcher ; quand le coupable a fouvent réitéré fa fraude, ou qu'il a déjà été puni pour ce délit ; quand le trompeur, par le prochain rapport où il étoit avec celui qu'il a trompé, a abufé de la confiance légitime qu'il avoit mise en lui ; quand le trompeur a porté atteinte & lésion à un devoir essentiel à lui connu d'une charge pour laquelle il a prêté serment au prince ou à ses supérieurs ; quand le faux témoignage a été accompagné d'un serment.

156.

Celui qui enleve, par fraude, un bien meuble étranger au possesseur ou au propriétaire, sans sa participation & son consentement, commet un larcin qui tient à la procédure criminelle, quand, ou la valeur du bien volé en une ou plusieurs tentatives, est de peu de conséquence, c'est-à-dire, qu'elle ne passe pas la somme de 25 écus, monnoie de Vienne, ou lorsqu'à un objet de peu de valeur, la maniere de l'enlever est accompagnée des circonstances aggravantes, contenues à l'article 160, depuis la lettre C jusqu'à la lettre N. Aussi-tôt qu'une de ces deux observations a lieu, le larcin est un délit criminel, sans examiner si le peu de soin du possesseur à la conservation de l'objet a occasionné le larcin, ou peut l'avoir facilité, ou si la remise de l'objet du larcin a été faite, ou si celui à qui on l'a volé a reçu un dédommagement. Seulement, lorsqu'avant la découverte en juſtice du coupable, la remiſe libre & volontaire de l'objet ſouſtrait a été faite, le larcin ceſſe d'être un délit criminel, quand même il arriveroit que, par l'enlevement intermédiaire de l'effet dérobé, celui à qui le larcin a eté fait, eſſuieroit un dommage de plus de 25 écus.

157.

Eſt encore coupable de larcin celui qui s'approprie ou retient, en tout ou en partie, au propriétaire un bien étranger à lui confié, pour garde, ſoin, vente ou travail.

158.

Doit encore être regardé comme coupable de larcin celui qui cele, retient & enleve, de quelque maniere que ce ſoit, aux légitimes créanciers une partie de leur bien, de laquelle ils devoient attendre leur payement.

159.

Sur un larcin qui n'eſt accompagné d'aucunes circonſtances aggravantes, la punition eſt la priſon rude pour un temps limité, au premier degré, & la condamnation aux travaux publics.

160.

Mais ſi le larcin eſt arrivé de la part, *a*, d'un

d'un domestique vis-à-vis de son maître, ou d'une domestique; *b*, d'un ouvrier ou journalier vis-à-vis du maître, ou de celui qui l'a pris pour le travail; *c*, pendant la nuit; *d*, sur un bien meuble enfermé, qui l'est même dans un bois enclos de murs, de haies, ou d'autre maniere; *e*, en société de plusieurs: si l'objet a été dérobé, *f*, pendant l'incendie; *g*, à l'occasion d'un naufrage, ou de tout autre accident sur l'eau; *h*, au temps d'une maladie épidémique; *i*, ou si le larcin a été autrement commis au moment où la personne qui l'a essuyé, par un chagrin qui lui est survenu, étoit moins capable de veiller à ses affaires; *k*, ou dans un lieu consacré à Dieu; *l*, si le propriétaire, ou parce qu'il ne possede que peu de bien; *m*, ou parce que la valeur de l'objet dérobé est considérable, reçoit un dommage sensible; *n*, ou si le larcin a été commis de la part d'une personne à qui le bien dérobé, soit privé, soit appartenant au souverain, a été confié sous le sceau du serment, ou d'obligation juridique. Dans tous ces cas, la punition est la prison pour un temps limité, au second degré, & la condamnation aux travaux publics. Mais dans les circonstances aggravantes, exprimées dans cet article, aux lettres *a*, *b*, *c*, *f*, *g*, *h*, *i* & *n*, la prison continue, au premier degré.

161.

Est toujours réservé à la personne volée, lésée, malgré la punition publique, le droit de chercher son parfait dédommagement vis-à-vis de celui qui a commis le larcin.

162.

Un enlevement de bois, commis dans une forêt libre & qui n'est pas close, n'est point du ressort criminel; c'est la justice civile seule qui doit en connoître, & qui doit le punir.

163.

Complice & participant au larcin est celui qui sciemment achete ou vend l'effet dérobé, recele l'effet dérobé, veille à l'exécution du larcin, épie l'occasion pour le larcin, aide immédiatement ou non au larcin; seulement avec conseil donné, quand même il n'auroit pas mis la main à l'objet dérobé, ou qu'autrement il n'y auroit point pris part.

164.

La punition de complicité & de participation au larcin est la prison adoucie pour un temps limité, au premier degré, & la condamnation aux travaux publics.

165.

Celui qui, pour commettre un larcin, seul ou en société de plusieurs, leve une main violente sur une personne, & la force, par action réelle, ou menaçant de le faire, à découvrir le bien sur lequel il a des vues de larcin, se rend coupable d'attaque en brigandage; & si le larcin s'ensuit, de vol.

166.

De même, commet le vol & l'attaque en brigandage celui qui, sur la route ouverte, attaque un voyageur, ou autrement un homme qui chemine sur chemin libre, pour lui ôter, en tout ou en partie, le bien & les effets qu'il a sur lui, ou qui les vole effectivement, quand même l'action ne seroit pas accompagnée d'aucune violence de mains.

167.

Si l'attaque en brigandage ou le vol a été commis avec une violence telle que la personne attaquée en a été blessée ou même tuée, la punition est la prison rude de longue durée, au premier degré; & si l'action a été commiſe avec une cruauté particuliere, la chaîne de longue durée, au premier degré. Si le vol a été commis ſans aucune violence, le coupable doit être puni par la priſon rude continue, au premier degré; & la priſon continue au ſecond degré, lorſque l'attaque en brigandage a été commiſe avec des armes meurtrieres, ou en ſociété de pluſieurs voleurs, ou dans une maiſon iſolée & rarement fréquentée.

168.

Celui qui enleve une bête qui ne lui appartient pas du troupeau ou de la prairie, doit être regardé comme un voleur.

169.

La punition de ce vol eſt la priſon pour un temps limité, au ſecond degré; mais la priſon dure & la condamnation aux travaux publics.

170.

Celui qui entreprend une action dont le feu peut s'enſuivre, avec projet & dans la mauvaiſe intention, ou de porter par-là dommage & préjudice, ou de ſe procurer l'occaſion de profiter du déſordre qui regne dans un incendie, pour exécuter un mauvais deſſein ou délit, se rend coupable du délit d'incendiaire, que la flamme ait éclaté, ou qu'elle ait été étouffée sans effet, ou que le dommage qui en est résulté ait été considérable, ou qu'il ne l'ait pas été.

171.

La punition du délit d'incendiaire est en général la prison rude continue, avec la condamnation aux travaux publics; continue, au premier degré, seulement lorsque la flamme a été étouffée sans effet préjudiciable. Mais l'incendie porté, *a*, pendant la nuit; *b*, dans un lieu solitaire & peu fréquenté; *c*, dans un camp; *d*, dans un magasin; *e*, dans une forêt; *f*, dans un chantier; *g*, dans une grange; *h*, à des fruits en plein champ; ou *i*, dans des lieux qui sont destinés à garder la poudre, ou d'autres matieres inflammables, ou, *k*, sous telles circonstances qui mettent évidemment la vie des hommes en danger, quand même il seroit resté sans effet, est puni par la prison rude de longue durée, au premier degré.

172

Si la flamme a éclaté, & si, *a*, elle a causé la mort à un ou à plusieurs hommes; ou si, *b*, l'incendie a fait des dommages considérables, ou a réduit à l'indigence ; *e*, si ce délit a déjà été commis par le coupable ; *d*, ou si une circonstance démontre qu'une méchanceté particuliere y étoit liée, le crime d'incendiaire doit être puni par la prison rude de longue durée, au second degré, & par la condamnation aux travaux publics, qui peut être augmentée par d'autres châtimens, selon la différence des circonstances. D'ailleurs, quand la flamme a éclaté, la punition du délit d'incendiaire est la prison rude continue, au second degré, & la condamnation aux travaux publics.

173.

En outre, est réservé à la personne qui a reçu préjudice & dommage, le droit de parfait dédommagement contre le coupable.

174.

Celui qui, en temps de guerre, met le feu, de dessein prémédité, dans le pays allié, ou même, sans en avoir reçu ordre, dans le pays ennemi, doit être puni selon les lois de la guerre ; & la justice militaire seule a droit d'en connoître & de juger.

175.

Celui qui, lié par le nœud de légitime mariage, forme un ſecond mariage avec une autre perſonne libre ou mariée, ſe rend coupable de bigamie.

176.

Si la partie avec laquelle le coupable a contracté un ſecond mariage, a eu connoiſſance du premier, la punition du coupable eſt la priſon rude pour un temps limité, au ſecond degré, ou la condamnation aux travaux publics. La punition de complicité eſt la priſon adoucie pour un temps limité, au ſecond degré, ou la condamnation aux travaux publics.

177.

Si au contraire le lien du premier mariage avoit été caché à la partie avec laquelle le ſecond mariage a été contracté, le coupable doit ſubir la punition prononcée contre la fraude à l'article 155; mais eſt réſervé à la partie innocente le droit de parfait dédommagement.

CHAPITRE VII.

De l'extinction des délits & des punitions.

178.

Le délit & la punition s'éteignent par la mort du coupable, qu'il soit mort avant ou après son emprisonnement, avant ou après l'information juridique, avant ou après le jugement prononcé.

179.

Cependant lorsqu'il s'agit de délits qui, parmi le peuple, ont réveillé une grande attention & un scandale plus étendu, ou sur lesquels, avant la mort du coupable, la condamnation à une punition de longue durée a été prononcée, le coupable mort doit être traité comme il est dit à l'article 17.

178.

Le délit & la punition s'éteignent pareillement, lorsque le prince souverain, ou un magistrat subordonné, autorisé à la rémission, sans sortir des bornes les plus exactes du pouvoir à lui accordé, a fait grace, en tout ou en partie, de la punition prononcée. Quand une partie seulement de la punition a été remiſe, le délit ne doit être regardé comme éteint & aboli, que lorſque la partie de la punition qui n'a point été remiſe, a été entierement achevée.

181.

Celui qui, par une juriſdiction criminelle légitime, après l'information juridique accoutumée, a été déclaré abſous du délit dont on l'a chargé, & dont l'affaire a été éclaircie dans le jugement, de maniere que ſon innocence a été reconnue comme prouvée & démontrée, ne peut, à cauſe du même délit, être encore ſoumis à une information. Si la décharge d'accuſation n'eſt que le réſultat du défaut de conviction légale, comme auſſi ſi l'information n'a été ceſſée que par le défaut de preuves, une ſeconde information a lieu auſſi-tôt qu'il paroît de nouveaux indices dont le juge n'a point éu de connoiſſance en prononçant le premier jugement.

182.

Le délit doit être regardé comme aboli, quand le coupable a ſubi entierement la punition qui lui a été infligée.

183.

Aucune preſcription ne doit, à l'avenir,

avoir lieu pour le délit & la punition ; & le coupable doit être traité ſelon les lois, quelque eſpace de temps qui ſe ſoit écoulé entre le délit commis & la découverte qu'on en a faite.

184.

Si le délit ou la punition a été abolie par la punition ſoufferte dans toute ſa rigueur & toute ſa durée, ou par la rémiſſion, le coupable (qui l'étoit auparavant) doit être regardé comme entierement purgé de ſa mauvaiſe action, & rentre dans tous les droits civils & de ſociété, ſi leur perte n'eſt pas une conſéquence, ou une partie exprimée de la ſentence de punition. C'eſt pourquoi il ne doit être empêché ni géné de perſonne dans la jouiſſance de ces mêmes droits ; autant que ſa conduite ſera déſormais conforme aux lois de l'honneur & de la probité, aucun reproche ſur le paſſé ne doit lui être fait par perſonne : ſur quoi, de même, il n'en doit être ni léſé ni injurié.

DEUXIEME PARTIE.

Des délits civils & des punitions civiles.

CHAPITRE PREMIER.

Des délits civils en général.

1.

TOUT ce qui doit être traité comme délit civil doit être uniquement déterminé par le présent code de punition : les actions qui ne sont pas expressément nommées dans ce code n'appartiennent pas aux délits civils. Cependant les autres actions, contraires aux lois, n'en sont pas moins soumises à l'inspection publique ; &, après leur découverte, elles n'en sont pas moins punies : mais elles doivent être traitées d'après les réglemens particuliers qui leur sont relatifs.

2.

L'accusation d'un délit civil est produite par l'action commise de volonté libre ; c'est pourquoi, lorsqu'une action réunie à un délit criminel a été commise avec les circonstances énoncées dans l'art. 5 de la premiere partie, le coupable n'en peut être accusé comme d'un délit civil.

3.

L'accusation d'un délit civil ne regarde pas purement celui qui l'a faite, ou celui qui y a coopéré avec volonté libre; mais aussi celui qui sciemment a occasionné que l'action fût consommée, ou qui en a tiré avantage.

4.

La tentative pure & simple n'admet point l'accusation d'un délit civil, que cette tentative ait été découverte par quelques marques, signes, ou préparatifs extérieurs que ce soit, ou si, par quelques circonstances que ce soit, l'action en conséquence est restée sans être consommée.

5.

L'accusation d'un délit civil arrive & se fait selon les lois & les coutumes du pays où l'action a éte commise. Un délit civil commis en pays étranger, n'est puni, d'après les lois présentes, sur un sujet de l'Empire, que lorsque ce même sujet s'est rendu en pays étranger pour commettre l'action. En pareil cas, l'action doit être traitée comme si elle avoit été commise dans le lieu sur lequel elle opere.

CHAPITRE II.

Des punitions civiles en général.

6.

Un délit civil, découvert & prouvé, est puni par une punition civile que la justice civile seule doit prononcer.

7.

Mais si le coupable, avec le délit civil, s'est encore rendu coupable d'un délit criminel, il doit être livré sur le champ au juge criminel. La punition doit être mesurée au délit criminel ; & pour l'augmentation de cette punition, on ne doit avoir égard qu'au délit civil.

8.

Le juge civil est lié à se conformer, dans la sentence de punition, au présent code pénal. Il ne peut ni changer la maniere d'infliger la punition établie dans ce code, ni l'augmenter, ni la diminuer, dans le degré qui est déterminé. Seulement, lorsque le degré déterminé admet un jugement plus rude ou plus doux, il faut recourir, pour la juste proportion de la punition, à ce qui est prescrit au juge criminel dans l'article 14 de la premiere partie, de porter son attention tant sur le dessein de l'action, que sur le dessein de celui qui l'a faite.

9.

La punition infligée & remplie dans sa forme & son étendue, ne dispense pas le coupable & ses héritiers de l'obligation de dédommager celui qui a été lésé par l'action. Mais la punition n'a aucun rapport aux héritiers, ou aux parens du coupable.

10.

Les punitions civiles qui peuvent être infligées à l'avenir, sont la correction avec les coups, l'attache au pilori, les arrêts, la condamnation aux travaux publics, aux fers, le bannissement d'un lieu désigné. Les punitions pécuniaires ne peuvent être infligées, à l'exception du seul cas du jeu defendu.

11.

La correction avec les coups, ou peut-être par elle seule, prononcée comme punition, ou une autre punition peut-être augmentée par elle. Cette correction doit toujours se faire publiquement. La gradation de cette sorte de punition est ainsi déterminée pour les délits civils. On ne doit donner à la fois à un homme pas plus que cinquante coups de bâton de noyer, à une femme pas plus de trente coups de nerf de bœuf ou de baguette. Ces coups ne doivent point être portés sur le dos ni sur les cuisses, mais toujours sur les fesses ; & le coupable doit être à cette fin étendu couché sur un ban. Le jugement doit exprimer le nombre précis des coups, & la réitération de cette correction déterminée.

12.

A l'attache au pilori le coupable aux fers est gardé dans un lieu qui peut contenir une foule de peuple, sur un échafaud élevé, la tête nue, exposé, depuis midi jusqu'à une heure, aux regards du public, & sur un écriteau attaché à sa poitrine, est écrit le délit dont il s'est rendu coupable. L'arrêt peut porter cette punition de l'attache au pilori, seulement pour une fois, ou pour deux fois, & pour trois fois.

13.

Les arrêts sont rigides & adoucis. Dans

les arrêts rigides, *a*, on met les fers aux pieds du coupable condamné; *b*, on ne lui donne que des planches pour lui ſervir de lit; *c*, aucune viſite ne lui eſt accordée qu'en préſence d'une perſonne de juſtice; *d*, on ne lui donne que de l'eau pour boiſſon; & *e*, un travail proportionné lui eſt impoſé.

14.

Dans les arrêts adoucis, on exempte le coupable condamné, des fers aux pieds; & quand il peut ſe procurer ſa nourriture par ſes propres moyens, ou par le ſoutien de ſes parens & amis, volontaire & non pas obtenu à force de demandes, on lui abandonne auſſi le profit de ſon occupation; cependant toute couverture de lit, toute paillaſſe lui ſont défendues, quand même elles lui ſeroient procurées de ſon propre argent.

15.

Dans les cas où, dans ce code, les arrêts adoucis ſeroient infligés comme punition, les arrêts dans la maiſon peuvent être auſſi prononcés contre le coupable condamné, qui eſt noble, revêtu d'une charge publique, ou qui exerce une profeſſion quelconque, ayant d'ailleurs une conduite ſans tache & une bonne

réputation.

réputation. La sentence d'arrêts dans la maison oblige le coupable de se tenir dans sa demeure pendant tout le temps de sa condamnation, & de ne s'en éloigner sous aucun prétexte. Les arrêts dans la maison peuvent être prononcés avec une garde apposée, ou sur la parole du coupable condamné, pour qu'il ne soit point soustrait à la punition. Si celui à qui les arrêts dans la maison ont été infligés s'éloigne de sa maison, il est condamné à garder les arrêts pendant tout le temps fixé par le jugement, dans la prison publique.

16.

L'augmentation de cette punition peut arriver par le jeûne; savoir, qu'il ne soit accordé au coupable condamné aucune autre nourriture que du pain & de l'eau pendant tout le temps des arrêts.

17.

La durée des arrêts ou de la condamnation aux travaux publics est continue, ou elle est pour un temps limité. La durée pour un temps limité peut être prononcée depuis un jour jusqu'à un mois; & la durée continue ne peut jamais être prononcée au dessous d'un mois, ni au delà d'une année. La durée propre doit être expri-

F

mée clairement dans l'arrêt de punition. Pour les coupables qui sont revêtus d'un emploi, ou pour ceux chez qui la trop longue durée de la punition deviendroit préjudiciable à leur entretien alimentaire, & à celui de leurs enfans ou de tous ceux qui leur appartiennent directement ou non, la rigueur méritée de la punition doit être déterminée plus dans l'augmentation que dans la durée.

18.

Le bannissement d'un lieu désigné ne peut s'étendre que sur un seul lieu, & ne peut empêcher le coupable condamné de chercher sa nourriture sur tout autre lieu. Le coupable condamné ne peut jamais être banni du lieu de sa naissance, ou du lieu où il est resté dix ans, hors des cas de délits exprimés dans les articles 71 & 73.

CHAPITRE III.

Des délits civils qui mettent en danger la vie ou la santé des citoyens, ou qui leur portent dommage & préjudice.

19.

CELUI qui, sans avoir précisément un mauvais dessein, par l'achat d'une marchandise véneneuſe, porte un dommage à ſon voiſin, ou qui ſeulement a donné une occaſion éloignée au dommage, eſt coupable d'un délit civil.

20.

Se rend coupable d'un délit civil l'apothicaire qui vend une drogue défendue, ou qui la prépare altérée & falſifiée.

21.

Si le coupable a porté dommage immédiat, la punition eſt la priſon rude continue, ou la condamnation aux travaux publics. Mais ſi l'action du coupable n'étoit qu'une cauſe éloignée du dommage, la punition eſt la priſon rude pour un temps limité.

25.

Lorſqu'à un enfant ou à un homme qui ne pouvoit ſe défendre lui-même contre le danger, quelque léſion, ou même la mort, ou bien une bleſſure eſt ſurvenue, en traverſant une riviere, en tombant dans l'eau ; ce qui auroit pu être évité par la vigilance due & raiſonnable de celui à qui l'attention ſur cet enfant ou ſur cet homme devenoit une obligation, par devoir naturel, ou par une charge à lui juridiquement donnée, la négligence de cette personne est un délit civil.

23.

En général, la punition de ce délit est la prison adoucie pour un temps limité. Mais si la mort ou une blessure considérable en est résultée, cette punition peut être augmentée.

24.

Doit être puni de la même punition celui qui, en courant trop rapidement à cheval, ou en conduisant trop rapidement une voiture, a blessé quelqu'un, ou même l'a tué.

25.

a, Celui qui, sortant d'une province, contre laquelle, à cause du danger de la peste, la quarantaine a été ordonnée, ou autour de laquelle un cordon a été tiré, allant par terre sur la route qui n'a point été indiquée & désignée à cet effet, descendant par mer à l'endroit dénommé *porti morti*, c'est à-dire, à un port & havre défendus, viendroit dans l'Etat pour y apporter des marchandises, ou pour en emporter : *b*, celui qui passe le cordon sans en faire sa déclaration à l'officier préposé pour la recevoir ; *c*, celui qui s'est glissé à la dérobée hors d'endroits suspects, & qui, pour continuer sa route, fait une fausse déclaration ſur le lieu d'où il eſt venu; *d*, celui qui, relativement à la ſanté, ſe fabrique, pour paſſer, de faux certificats; celui qui coopere à la fabrication de ces faux certificats; celui qui en fait uſage, quand même ils auroient été fabriqués par d'autres; *e*, encore celui qui ſe ſert d'un bon & valable certificat de ſanté, mais qui appartient à un autre; *f*, celui qui fait quelque choſe d'un faux certificat de ſanté, ou d'un bon certificat employé illégalement, & qui n'en fait point ſon rapport à la premiere occaſion; *g*, lorſque quelqu'un, avant d'être entierement purifié, ainſi qu'il eſt preſcrit, quitte la maiſon de quarantaine; *h*, celui qui, avant la quarantaine achevée, ſans le conſentement de l'inſpection générale à la quarantaine, s'approche d'une perſonne ſaine, & entretient familiarité avec elle; *i*, même une perſonne ſaine, qui, ſans la permiſſion de l'inſpection générale à la quarantaine, s'approcheroit du lieu où elle eſt établie, pour entrer en familiarité avec les perſonnes qui s'y trouvent; tous ceux qui ſont déſignés ci-deſſus ſe rendent coupables d'un délit civil. Se rend encore coupable d'un délit civil; *a*, un officier prépoſé au cordon, qui laiſſe paſſer dans l'Etat des perſonnes ou des marchandiſes ſur des routes défendues, ou ſur des routes permiſes, mais ſans la quarantaine obſervée ; ou qui tient quitte de la quarantaine avant le temps preſcrit ; *b*, qui donne un faux billet de ſanté, ou qui accorde paſſage à quelqu'un ſur un faux billet de ſanté, ou ſur un billet de ſanté illégalement employé ; *d*, comme auſſi l'officier en ſecond, qui, ayant connoiſſance qu'il ait été ainſi accordé, contre les lois, paſſage dans l'Etat, & qu'on ait tenu quitte, ou qu'on s'eſt enfui de la quarantaine, n'en fait pas auſſi-tôt ſon rapport : enfin, *a*, commet un délit civil celui qui aide par ſes avis, en déſignant la route, ou de quelque maniere que ce ſoit, à ſe détourner du chemin marqué ; *b*, celui qui ſe charge de perſonnes ou de marchandiſes étrangeres, les tranſporte, les fait ſortir de lieux ſuſpects ſans le certificat & paſſe-port de ſanté néceſſaire, eſt auſſi coupable d'un délit civil ; *c*, comme auſſi celui qui, dans des lieux ſitués près le cordon, reçoit & garde chez lui des perſonnes ou des marchandiſes étrangeres, ſans tout certificat de ſanté, ou ſans que le certificat de ſanté, d'après l'écriture, ſoit avoué par le magiſtrat.

26.

Tous ces coupables doivent être livrés à la justice militaire ; & il en doit être jugé par elle seulement d'après les lois qu'il sera nécessaire, pour la sûreté des sujets de l'Empire, d'établir proportionnellement au danger.

27.

Outre les délits jusqu'ici exprimés contre le bien général relatif à la santé, doivent être aussi regardées comme délits civils toutes actions que celui qui les commet sait être ou qu'elles peuvent être préjudiciables à la santé ; & comme, en pareilles circonstances, il n'est pas possible de prévenir ce que peuvent inventer l'intérêt, la ruse, & la méchanceté, & d'exprimer tous les cas & toutes les actions possibles dans ce code, on fait au moins mention des plus accoutumés, sans exclure les autres. *a*, Lorsqu'une bête morte a été jetée dans une fontaine, dans un ruisseau, ou dans un fleuve. *b*, Quand, pour des bêtes mortes dans une maladie de bêtes, les précautions déterminées par les lois de la santé ont été négligées. *c*, Quand quelqu'un néglige de déclarer les signes de rage qu'il a découverts à sa bête. *d*, Quand, sur des lieux passagers, on a mis, *e*, des pieux, ou creusé des fossés pour tendre des piéges.

28.

La punition de ce délit est la condamnation aux travaux publics, avec ou sans fers, dont la durée doit être déterminée relativement au dommage qui est résulté de l'action.

CHAPITRE IV.

Des délits civils qui portent atteinte aux biens & aux droits des citoyens.

29.

Celui qui enleve d'une maniere frauduleuse, seul ou avec une aide, ou avec des complices, tout à la fois, ou à plusieurs reprises, à un ou à plusieurs propriétaires, sans leur participation & consentement, un bien meuble étranger, dont la valeur en tout monte à 25 écus, monnoie de Vienne, ou même moins, se rend coupable de larcin, qui doit être traité comme délit civil, quand la maniere de l'enlever n'est point accompagnée des circonstances aggravantes contenues à l'article 160 de la premiere partie, depuis la lettre *c* jusqu'à la lettre *n*.

30.

Même avec plus grande valeur du bien soustrait, les larcins suivans tiennent aux délits civils. *a*, L'enlevement de bois qui a été fait dans une forêt libre qui n'est point close; *b*, le larcin du braconnier, qui a été entrepris par une personne qui n'a point le droit de chasse, de quelque maniere que ce soit, même à tout évenement avec des motifs particuliers; *c*, les enlevemens de fruits d'arbres & de champ, en plein champ.

31.

Un domestique se rend coupable d'un larcin qui doit être regardé comme délit civil, tant lorsqu'il enleve à son maître le bien qui lui appartient, & qui est de la même valeur exprimée dans l'article 29, que lorsqu'il compte les marchandises achetées pour son maître à un plus haut prix qu'il ne les a payées, ou quand il livre des marchandises de moindre qualité, ou à un moindre poids qu'elles ne lui ont été données, & que son maître ne les a payées.

32.

La punition du larcin, considéré comme délit civil, est, d'après le degré de la fraude employée, & du dommage qui en eſt réſulté pour la perſonne volée, les arrêts, la correction avec les coups, & l'augmentation de la punition, ſi elle doit avoir lieu. Si le délit a été répété, il faut prendre des précautions pour que le coupable, après avoir ſubi la punition relative au délit pendant tout le temps limité, ſoit tenu ſous la vigilance de la police. par rapport à ſa conduite & à la maniere honnête dont il doit ſe procurer ſon entretien alimentaire.

33.

Celui qui, dans un jeu permis, ſe ſert d'une fraude, de quelque maniere qu'elle ſoit exécutée; par exemple, qui emploie des cartes fauſſes ou marquées, des dés faux ou marqués, s'approprie, en profitant d'un mouvement fait en ſe détournant, des cartes d'un autre, s'entend avec un tiers, pour connoître, par ce moyen, le jeu d'un autre, ſe rend coupable d'un délit civil.

34.

Si le coupable a fait ſon état de cette maniere de tromper; ſi, par cette fraude, il a trompé deux perſonnes auxquelles la geſtion de leurs biens n'eſt point en propriété; ſi le dommage a été important pour celui contre lequel la fraude a été employée; si la maniere de tromper étoit si artificieuse, qu'il eût été difficile de s'en garantir : ce délit doit être puni par l'attache au pilori & la condamnation aux travaux publics. Lorsqu'il n'y a aucune des circonstances ci-dessus rapportées, la prison rude pour un temps limité doit être prononcée contre le coupable. En outre, le coupable est obligé de rendre à la personne trompée le montant du gain de tout le jeu, dans lequel il a été convaincu de fraude. Quand les coupables sont étrangers, l'attache au pilori, & le bannissement de tous les états héréditaires doivent être prononcés.

35.

Sont complices de ce délit tous ceux qui ont sciemment coopéré, de quelque maniere que ce soit, à l'exécution de la fraude, ou qui ont donné des instructions à un tiers pour que la fraude soit exercée.

36.

La punition de la coopération à ce délit est la prison adoucie pour un temps limité ; & elle peut être augmentée par le jeûne. Pour une instruction donnée sur un jeu faux &

frauduleux, la punition eſt la priſon rude pour un temps limité; & elle peut être augmentée par la correction avec les coups. Eſt en outre réſervé à la perſonne léſée le droit d'exiger des complices ſon parfait dédommagement, s'il ne peut l'obtenir du coupable lui-même.

37.

Celui qui joue un jeu défendu ſe rend coupable d'un délit civil.

38.

Se rend auſſi coupable de ce délit celui dans la demeure duquel le jeu défendu eſt joué.

39.

Les Transgreſſeurs de cette défenſe, tant les joueurs eux-mêmes, que ceux dans la maiſon deſquels le jeu défendu eſt joué, doivent être, en pareil cas, punis par l'amende de 300 ducats; & la ſomme de cette amende doit être verſée à la caiſſe de l'endroit. Sur quoi, celui qui a dénoncé le jeu défendu, & dont le nom doit être tenu caché, doit recevoir 100 ducats; & quand ce feroit quelqu'un du nombre des joueurs, ou même ceux qui ont tenu le jeu, qui feroient cette dénonciation, outre qu'on leur fait grace de la punition qu'ils ont méritée, cette récompenfe pour la dénonciation doit leur être accordée. Si le coupable, faute de moyens, ne peut pas payer l'amende déterminée, il doit être condamné à la prifon adoucie pour un temps limité.

40.

Quand une perfonne, à la vente permife d'une marchandife, la vend au deffus du prix qui a été fixé par la police, ou quand il vend fa marchandife à faux poids & à fauffe mefure, il fe rend coupable d'un délit civil.

41.

En général, pour ce délit, la prifon adoucie pour un temps limité doit être prononcée comme punition, qui peut être augmentée, quand la fraude ou la vente a été exercée depuis long-temps, quand elle a été préjudiciable au public, ou qu'elle a été faite de maniere qu'elle étoit difficile à découvrir.

42.

Parmi ceux qui fe rendent coupables de délits civils, doivent être comptés ceux qui, trompant également, s'immifcent, dans les affaires d'un tiers, & fous de fauffes apparences, exprès ménagées, l'engagent & lui donnent des occasions à des disputes & à des discussions vives & emportées.

43.

La punition de ce délit est la prison adoucie pour un temps limité. Mais quand le coupable a fait métier de cette tromperie ; quand il en est résulté des extorsions considérables d'argent ; quand des sujets se sont emportés contre leur magistrat ; quand, dans les écrits présentés, ils se sont servis de fausses déclarations, de tournures malignes & d'expressions qui ne sont pas convenables ; quand une punition, qui a déjà été prononcée & achevée, est restée sans effet, la punition des arrêts doit être augmentée par le jeûne & par la correction avec les coups. En cas nécessaires, l'attache au pilori peut être prononcée. Pour les étrangers, ils doivent être bannis des états héréditaires.

44.

Celui qui, uni avec une épouse par le lien d'un légitime mariage, & par-là obligé à la fidélité conjugale, entretient un commerce charnel avec une personne qui n'est pas mariée, ou avec une personne qui l'est, commet un adultere.

45.

Pour ce délit, la justice civile n'en doit jamais connoître, en vertu de charge & de pouvoir; mais seulement lorsque la partie lésée, homme ou femme, demande expressément l'information & la punition. Cependant ils ne sont plus admis à être entendus, lorsqu'ils ont pardonné l'offense, après qu'elle leur aura été connue, ou expressément ou en continuant de demeurer conjugalement dans la même maison.

46.

La punition d'adultere est la correction avec les coups ou la prison pour un temps limité, rendue plus pénible par le jeûne. La punition est éteinte du moment que la partie lésée déclare qu'elle veut reprendre l'époux coupable, & vivre avec lui dans l'union conjugale.

47.

Un délit civil est commis lorsqu'une personne fait un contrat de mariage dans les pays héréditaires, avec l'omission d'un empêchement à lui connu, fondé par les lois du pays, & qui se marie sans les dispenses ordinaires préalablement accordées; ou quand un naturel du pays ſe rend dans le pays étranger pour y conclure un mariage qu'il ne ſeroit pas autoriſé de conclure par les lois du pays ; ou quand les parens abuſent de leur pouvoir ſur leurs enfans, pour les forcer à un mariage contre leur volonté, d'une maniere qui opere, dans la loi, la validité du contrat.

48.

La punition de ce délit eſt la priſon rude pour un temps limité, & la condamnation aux travaux publics. Le ſuborneur doit être traité avec plus de rigueur ; & la punition doit être augmentée, lorſque l'empêchement réel a été entierement caché à la partie, par quoi elle eſt entrée innocemment dans le mariage nul de toute nullité.

49.

Comme coupable d'un délit civil doit être traité un domeſtique, *a*, qui reçoit l'argent du denier à dieu de pluſieurs maîtres en même temps, & qui par-là ſe met au ſervice de pluſieurs maîtres ; *b*, qui, après l'argent du denier à dieu reçu, n'entre point dans le ſervice ; *c*, qui ſort du ſervice ſans les formalités particulieres établies pour le ſervice des domeſtiques ; *d*, qui traite ſon maître en termes injurieux,

injurieux, ou d'une maniere ouvertement indécente; e, qui, par un refus de remplir un devoir auquel il eſt obligé par état, ou par une négligence marquée, porte à ſon maître dommage & préjudice.

50.

Sur la plainte expreſſe du maître léſé, le coupable doit être corrigé avec les coups, ou condamné à la priſon rude ou adoucie pour un temps limité, d'après les circonſtances d · plus ou moins de méchanceté, de plus ou moins de dommage & préjudice.

51.

Le maître qui donne au domeſtique qui ſort de chez lui un certificat de ſidélité, tandis que ſon infidélité lui étoit connue, ſe rend coupable d'un délit civil.

52.

Le coupable eſt puni par la priſon adoucie pour un temps limité.

53.

Celui qui, même ſans mauvais deſſein, peint quelqu'un dans des libelles diffamatoires, ou dans des images déshonorantes, d'une maniere qui puisse attirer à cette personne, à cause de la fausse imputation d'action contraire aux lois, le soupçon d'un mépris mérité, se rend coupable d'un délit civil, que cette personne en ait essuyé dommage & préjudice, ou la perte d'un avantage attendu, ou qu'elle ait été par-là troublée dans son repos domestique, ou non.

54.

La punition de ce délit est la prison adoucie pour un temps limité, ou la condamnation aux travaux publics. Mais à la personne lésée est toujours réservé le droit de satisfaction & de parfait dédommagement. Cependant, quand la honte a atteint une personne qui, à cause de la pureté de ses mœurs & de sa conduite, à cause de la dignité & de l'importance du caractère dont il est revêtu, à cause de sa naissance, à cause de la puissance juridique qu'il a sur la personne qu'il a diffamée, ou lorsqu'entre la personne qui diffame & la personne diffamée, se trouvent les rapports énoncés aux articles 85 & 92 de la premiere partie de ce code; la punition est la prison rude pour un temps limité; & cette punition peut être augmentée par l'attache au pilori & la correction avec les coups.

55.

Se rend aussi coupable du délit de la diffamation calomnieuse celui qui, même sans avoir composé ou occasionné le libelle diffamatoire, ou l'image déshonorante, sans même y avoir coopéré, a cependant répandu & porté à la publicité le libelle & l'image, au lieu de les étouffer dès qu'ils lui ont été connus.

56.

La punition est la prison adoucie pour un temps limité ; & cette punition, d'après l'intervention des circonstances mentionnées à l'article 54, peut être augmentée par le jeûne.

57.

Au nombre des délits civils doit être comptée une action inconsidérée & dangereuse, de maniere que, par le plus petit accident, le feu pourroit en provenir, & le bien & les possessions des citoyens pourroient être mis en danger. Par exemple, *a*, lorsqu'on fume du tabac sur des escaliers, dans des écuries, dans des chantiers, ou autrement dans des chambres & magasins remplis de matieres combustibles; *b*, quand on entre dans ces lieux avec une lumiere brûlant à l'aventure ; *c*, ou principalement une action qui, précisément contraire à l'ordre établi pour le feu, n'en est pas moins exercée.

58.

La punition est la prison adoucie pour un temps limité, ou dans des cas particuliers d'imprudence, la correction avec les coups.

59.

Comme délit civil doit être regardé tout acte de pétulance emportée, qui est exercé en pleine rue, & qui porte à une ou à plusieurs personnes incommodité ou dommage. Comme les especes d'étourderie & d'extravagance sont trop multipliées pour pouvoir être exprimées dans un code, on ne mentionnera ici, sans exclure les autres, que celles qui arrivent le plus fréquemment : comme, *a*, lorsqu'une personne anéantit, endommage & renverse ce qui a été élevé, bâti & planté pour l'utilité, pour la commodité, ou pour le plaisir du public ; *b*, quand une personne jette dans les fenêtres & dans les maisons quelque chose qui peut endommager ou porter préjudice ; *c*, quand une personne jette de l'eau sur les passans, les repousse violemment, les renverse en courant précipitamment, déchire leurs habits, ou leur cause, de quelque maniere que ce soit, incommodité, dommage ou préjudice ; *d*, quand une personne, en mendiant avec importunité, force à donner l'aumône.

60.

Comme les circonstances d'étourderie ou de pétulance emportée sont trop variées pour proportionner la punition à chaque cas différent, il est en général ordonné par la loi, que, relativement au dommage porté à une ou à plusieurs personnes, & à l'importance de ce dommage, non seulement la prison, quelle que soit sa durée, ou la condamnation aux travaux publics, soient prononcées pour punition ; mais qu'on inflige aussi l'attache au pilori & la correction avec les coups.

CHAPITRE V.

Des délits qui tendent à la corruption des mœurs.

61.

CELUI qui renonce à la raison au poin d'injurier méchamment & témérairement part paroles, écrits ou actions, le Tout-puissant, dans des lieux publics, ou en présence d'autres personnes, doit être traité comme un insensé, & être retenu prisonnier dans l'hôpital des fous aussi long-temps que son amendement sera parfait & constaté.

62.

Toute action par laquelle l'exercice public & divin d'une religion régnante ou tolérée a été troublé, qui a témoigné une extravagance marquée, ou un mépris public dans les temples, ou par laquelle tout ce qui sert au service divin n'a point été respecté, est un délit civil.

63.

La punition de ce délit est la prison rude pour un temps limité; & elle peut être augmentée par le jeûne & la correction avec les coups, quand l'action a causé un grand scandale.

64.

Commet aussi un délit civil celui qui s'ingere, par de fausses instructions & par la surprise, de déterminer un disciple de la Religion Chrétienne à abandonner la foi catholique, & l'engager à renoncer à toutes les religions.

ou à en embraſſer une qui renie le ſaint Evangile.

65.

Eſt encore coupable de délit civil celui qui s'ingere d'inſpirer publiquement à une communauté ſoumiſe à la religion régnante, des héréſies ou de faux dogmes, manifeſtement reconnus pour tels, & de les détourner de la religion dominante.

66.

Dans le premier cas, le coupable doit être attaché au pilori, & condamné à la priſon rude pour un temps limité. Dans le ſecond cas, la punition eſt la priſon rude continue.

67.

Celui qui, dans une rue publique, ou dans un lieu fréquenté, ſe découvre ſcandaleuſement, ou commet une indécence; ou celui qui perſuade à quelqu'un, dans une rue publique, de commettre une indécence, que ce ſoit un homme ou une femme, eſt coupable d'un délit civil.

68.

La punition eſt la priſon pour un temps

limité, qui peut être plus douce ou plus rude, selon les circonstances; mais cette punition doit toujours être augmentée par le jeûne.

69.

Celui qui, dans une rue ouverte, poursuit une femme de bonne réputation & qui marche décemment, & lui adresse des gestes ou des discours qui expriment clairement l'intention qu'il a de l'engager à une débauche honteuse, est regardé, sur la plainte de la femme offensée, comme coupable d'un délit civil.

70.

La punition est la prison adoucie pour un temps limité.

71.

Celui qui dégrade l'humanité au point d'avoir un commerce charnel avec une bête, ou avec une personne de son sexe, se rend coupable d'un délit civil.

72.

Si le délit a été commis de maniere qu'il en est résulté un grand scandale, la punition est la correction avec les coups, & la condamnation aux travaux publics pour un temps limité. Si le délit n'a été que peu connu, le coupable doit être condamné à la prison rude pour un temps limité ; & cette punition doit être augmentée par le jeûne & la correction avec les coups. Le coupable doit être aussi banni du lieu où il a donné un scandale public.

73.

Celui qui a consenti à une débauche honteuse dans sa maison, qui cherche gain & profit, en procurant à des personnes des deux sexes des occasions pour la débauche honteuse, ou celui qui, sans chercher à en tirer profit, engage une femme chez des connoissances & dans des occasions par lesquelles elle est séduite à la débauche honteuse, se rend coupable du délit civil d'apparcillage, quand il ne s'agiroit que des amis ou des valets de celui pour lequel ils ont prêté aide & assistance pour l'appareillage.

74.

La punition de ce délit est, pour la première fois, la condamnation aux travaux publics continus. Cependant la punition doit être augmentée, quand c'est une personne innocente qui a été séduite. Si le coupable vient à réitérer le délit, il doit être attaché au pilori, corrigé avec les coups, & banni du lieu où le délit a été commis. Si c'eſt un étranger, il doit être banni de tous les Etats héréditaires.

75.

Toute perſonne, ſoit homme, ſoit femme, qui fait métier de ſon corps & en tire profit, commet un délit civil.

76.

Le coupable doit être puni, pour la premiere fois, par la priſon rude continue. S'il réitere ſouvent le délit, il faut toujours doubler la derniere punition qui lui a été infligée, & l'augmenter par d'autres punitions, par le jeûne ou par les coups, ſi ce ſont des enfans de moyen âge qui ont été ſéduits. Si le coupable eſt étranger, il doit être banni de tous les Etats héréditaires.

77.

Doit être mis au nombre de ceux qui commettent les délits civils tendans à la corruption des mœurs, *a*, une perſonne qui fait commerce de livres défendus, ou de tableaux & images qui repréſentent des actions indécentes ; *b*, qui, hors des lieux de plaiſir accordés par le magiſtrat, ſe déguiſent ſous un maſque, ou de toute autre maniere ; *c*, celui qui ſe fait admettre dans des ſociétés ou fraternités ſecretes qui n'ont point été déclarées au magiſtrat ; *d*, celui qui, ſans le déclarer au magiſtrat, donne ſéjour & abri, dans ſa demeure, à une perſonne dont il ne connoît pas les moyens honnêtes de fournir à ſon entretien alimentaire.

78.

La punition de ce délit eſt la priſon adoucie pour un temps limité : les livres défendus, les tableaux & images doivent être pris & confiſqués au coupable, & être anéantis.

79.

Quand une perſonne, contre laquelle le banniſſement du lieu déſigné a été prononcé par le magiſtrat, revient au lieu doù il a été banni, pendant que la défenſe d'y paroître dure encore, eſt par-là même coupable d'un délit civil, quand même on n'auroit rien à reprendre ſur ſa conduite.

80.

La punition eſt la priſon rude pour un

temps limité, ou la correction avec les coups; & il doit être signifié au coupable, à son élargissement, que chaque fois qu'il reviendra, la punition sera doublée.

81.

Quand une personne qui a été bannie de tous les pays des Etats d'Autriche, revient, sous quelque prétexte que ce soit, sans avoir préalablement obtenu que la défense portée par le bannissement ait été levée, ce retour est un délit civil, quand même la conduite de cette personne, depuis son retour, auroit été réguliere & sans reproche.

82.

La punition est la correction avec les coups, qui doivent être doublés à chaque retour répété. En outre, le coupable doit être encore banni des Etats héréditaires.

FIN

www.ingramcontent.com/pod-product-compliance
Lightning Source LLC
LaVergne TN
LVHW020028170826
845678LV00001B/171